G. Mentz

Johann Philipp von Schönborn

Kurfürst von Mainz, Bischof von Würzburg und Worms

G. Mentz

Johann Philipp von Schönborn
Kurfürst von Mainz, Bischof von Würzburg und Worms

ISBN/EAN: 9783743681965

Hergestellt in Europa, USA, Kanada, Australien, Japan

Cover: Foto ©ninafisch / pixelio.de

Weitere Bücher finden Sie auf **www.hansebooks.com**

Johann Philipp von Schönborn

Kurfürst von Mainz

Bischof von Würzburg und Worms.
1605 — 1673.

Ein Beitrag zur Geschichte des siebzehnten Jahrhunderts.

I. TEIL.

Habilitationsschrift

zur

Erlangung der Venia docendi

der

hohen philosophischen Fakultät

der

Gesammt-Universität Jena

vorgelegt von

Dr. G. Mentz.

JENA

Verlag von Gustav Fischer

1896.

Vorliegende Abhandlung bildet den Anfang einer Mitte Mai unter gleichem Titel erscheinenden grösseren Schrift des Verfassers.

Einleitung.

Im Dome zu Mainz befinden sich zwei charakteristische Denkmäler. Das eine zeigt uns den Erzbischof Siegfried III. von Eppstein im Begriffe den Königen Heinrich Raspe und Wilhelm von Holland, die in zwergenhafter Figur und demütiger Stellung neben ihm stehen, die Krone aufzusetzen [1]); das andre stellt den Kurfürsten Peter von Aspelt dar, umgeben von den knabenhaften Gestalten Heinrichs VII., Ludwigs des Bayern und Johanns von Böhmen, die von ihm zur Herrschaft erhoben und bei der Herrschaft erhalten wurden. [2]) Mit Recht hat man wohl aus diesen Denkmälern einen Schluss gezogen auf die Ansichten, die um die Wende des 13ten und 14ten Jahrhunderts bei der rheinischen Geistlichkeit über die Stellung der Kurfürsten von Mainz herrschten, die Könige erscheinen als unbedeutende Geschöpfe ihrer Macht, als Puppen in ihrer Hand. Und in der That war es seit den Zeiten des Interregnums das Bestreben der Mainzer Erzbischöfe gewesen, sich auf Grund ihrer Stellung als Erzkanzler und erste Kurfürsten des Reiches einen bestimmenden Einfluss auf die Reichsregierung zu verschaffen, sei es nun als erste Ratgeber des Königs wie Peter von Aspelt unter Heinrich VII. und Ludwig dem Bayern, sei es als Führer einer ständischen Opposition gegen die Könige wie Gerhard II. von Eppstein unter Adolf von Nassau und Albrecht I.

Wenn nach dem Untergange der Staufer und dem Zerfalle des deutschen Kaisertums die weltlichen Fürsten Deutschlands

---

1) Lorenz, Deutsche Geschichte, I, 45 f.
2) Heidemann, Peter von Aspelt, S. 312.

ihr Hauptbestreben auf die Gründung einer starken Territorial-
macht richteten, so befanden sich die Beherrscher der geistlichen
Gebiete dem gegenüber in einer eigentümlichen Lage. Zwar
folgten auch sie bis zu einem gewissen Grade dem Zuge der
Zeit, immer von neuem bemühten sich die Erzbischöfe von Köln
die Hegemonie im westlichen Niederdeutschlande zu gewinnen,
Jahrhunderte lang führten die Herrschaftsansprüche der Mainzer
Kirche in Thüringen zu erbitterten Kämpfen, aber die geringe
Erblichkeit der geistlichen Kurfürstentümer liess doch hier keine
rechte Familien- und Territorialpolitik aufkommen, die Befrie-
digung ihres persönlichen Ehrgeizes blieb das Hauptziel der geistlichen Kurfürsten, vor allem derer von Mainz, oft in eigentüm-
licher Weise verquickt mit ernstgemeinten Reichsreformplänen,
die meist auf die Begründung „einer kurfürstlichen Regierung mit
einem durch diese beschränkten Königtume an der Spitze [1])"
hinausliefen.

Diese Bestrebungen knüpften sich zunächst an das Erz-
kanzleramt des Kurfürsten von Mainz an, auf Grund dieses
Amtes beanspruchten sie das Recht der Ernennung des königlichen Kanzlers, fast bei jeder Königswahl liessen sie sich seit
dem Ende des 13. Jahrhunderts Versprechungen und Privilegien
in dieser Hinsicht geben, doch gelang es ihnen nur vorübergehend,
ihren Ansprüchen Geltung zu verschaffen. Unmöglich konnte
ja ein mächtiger König die Ernennung seines ersten Ministers
aus der Hand geben. Erst in der Neuzeit, als die Stellung des
königlichen Kanzlers ihre alte Bedeutung verloren hatte, gelang
es den Mainzer Kurfürsten ein gewisses Recht auf die Ernennung
des Reichsvicekanzlers zu erwerben [2]). Unterdessen hatten ihre
Bemühungen um Teilnahme an der Reichsregierung auch bereits
andere Formen angenommen. Interessant aber ist es zu beob-
achten, wie sich derartige Bestrebungen durch die Jahrhunderte
hinziehen, an dem Mainzer Stuhle zu haften scheinen [3]).

1) Lorenz, Deutsche Geschichte, I, 415.
2) Vergl. Seeliger, Erzkanzler und Reichskanzleien, S. 89 ff.
3) Lorenz, Deutsche Geschichte, II, 667 und Erdmannsdörffer,
Deutsche Geschichte, I, 304 u. 316 wiesen auf diese Erscheinung hin.

Wer kennt nicht den edlen Berthold von Henneberg, der am Ende des 15. Jahrhunderts mit rastloser Energie an einer Reichsreform im ständischen Sinne arbeitete, aber an der Abneigung Maximilians und dem mangelnden Verständnis vieler deutschen Fürsten scheiterte? Keiner der Mainzer Erzbischöfe kommt ihm an Reinheit der Gesinnung und an Patriotismus gleich, aber ähnliche Ziele: Reform des Reiches, Führung der ständischen Opposition gegen den Kaiser treten immer wieder hervor, so bei Gerlach von Nassau, dem Gegner Karls IV., bei Adolf, der den Sturz Wenzels zu seinem Ziele setzte, bei Johann II. von Nassau, wieder einem Königsmacher, wie einst Gerhard II. und Peter, bei Diether von Isenburg, dem Führer der Reformpartei gegen Friedrich III.

In die Reihe dieser ehrgeizigen Kurfürsten von Mainz, die ihre Stellung als Kurerzkanzler zu einer autoritativen Stellung im Reiche auszubauen, Einfluss auf die Reichsregierung zu gewinnen, der Schwäche des Reiches durch Reformen abzuhelfen suchten, gehört auch Johann Philipp von Schönborn.

Wie keine andere Zeit schienen die Jahrzehnte nach dem dreissigjährigen Kriege geeignet zur Durchführung solcher Pläne. Feierlichst hatte der Friede allen Reichständen die Landeshoheit garantiert, dem Kaiser war beinahe jeder gesetzliche Einfluss auf ihre Politik genommen, es schien jetzt die Zeit gekommen, auf Grund einer freien Einigung aller souveränen Staaten Deutschlands ein neues Reich aufzubauen, auf diesem Wege wieder eine Verbindung zwischen dem Haupte und den Gliedern zu stande zu bringen mit gegenseitiger Garantie aller Rechte. So konnte man hoffen, dem Jahrhunderte alten Uebelstande abzuhelfen, dass kein angegriffener Reichsstand der Unterstützung des Reiches sicher war. Und auf diesem Missstande beruhte ja mit die oft getadelte Hinneigung der rheinischen Fürsten zu Frankreich. Nie waren sie, wenn sie sich an einem Reichskriege gegen Frankreich beteiligten, vor der Rache des mächtigen Nachbarn sicher. Wie ein Magnet wirkte ausserdem das konsolidierte französische Königtum auf die losen Glieder des erschlafften Reiches, dem jetzt weniger als je die Kraft innewohnte, sie an sich zu ketten. Dazu kam das Uebergewicht der französischen Kultur über die im Kriege fast ganz zerstörte deutsche Bildung. Die Fürsten der Westgrenze fühlten sich kaum noch als Deutsche, der Begriff der deutschen Nationalität schien verloren gegangen zu sein, zu den Gliedern des deutschen Reiches gehörten ja auch Schweden und Dänemark und der burgundische Kreis, beinahe hatte man auch Frankreich aufgenommen, und an der Spitze stand ein Monarch, der so oft die Interessen seiner spanischen Verwandten über die des Reiches stellte. So glaubte sich denn jeder deutsche Fürst berechtigt, seine Politik vor allem durch die Interessen seines Territoriums, seines Hauses bestimmen zu lassen ohne Rücksicht auf das Reich. Jeder glaubte als Herrscher über einen unabhängigen Staat seine eigene Politik verfolgen zu können, wobei es sich denn erwies, dass ein Staat ohne Macht ein Unding ist, dass die Kleinstaaterei notwendig einen politischen Dilettantismus, ein politisches Landsknechttum erzeugt. Nur für so mächtige Stände wie Brandenburg war eine solche Politik möglich.

Als einer der besten Repräsentanten der Fürsten dieser Zeit kann Johann Philipp von Mainz gelten. Er war sich dessen wohl bewusst, dass sein Gebiet für eine selbständige Politik zu klein war, aber anstatt dass er sich nun auf eine möglichst gute Verwaltung dieses kleinen Gebietes beschränkte, trieb ihn sein Ehrgeiz und die hohe Meinung, die er von seiner Stellung als Kurfürst und Kurerzkanzler hatte, zu einem unruhigen Politisieren, in dem sich aber doch einige Grundgedanken erkennen lassen: Erstens das schon erwähnte Bestreben, durch Einigung verschiedener Stände untereinander und mit dem Kaiser grössere Machtkomplexe zu schaffen und so allmählich einen Bund aller bedeutenderen Reichsstände zu stande zu bringen, ein an sich anerkennenswertes, um nicht zu sagen patriotisches Bestreben, dessen Reinheit aber durch den auch bei Johann Philipp hervortretenden Zug nach dem Westen getrübt wird. Er beging den gefährlichen Irrtum, zu glauben, er könne Frankreich und Schweden ohne Gefahr gegen den Kaiser und Spanien ausspielen.

Nur im Frieden konnte Johann Philipp hoffen, den geplanten Bund zu stande zu bringen. Daher ist seine Politik zweitens von dem Wunsche geleitet, unter allen Umständen seinem Lande, Deutschland und wohl gar Europa den „so teuer erkauften Frieden" zu erhalten. Auch um seine Stifte in friedlicher Re-

gierungsthätigkeit zu heben, brauchte er den Frieden, litten doch
wenige Gebiete so wie die seinigen unter dem geringen Schutze
der Westgrenze des Reiches. Eine gewisse Einmischungsmanie,
die Sucht, allüberall eine Rolle als Friedensstifter zu spielen, kam
hinzu. Weder mit seinen Bündnisbestrebungen, noch mit seinem
Friedensverlangen steht Johann Philipp in seiner Generation allein
da, bei keinem aber wurde beides so sehr zum System, zum be-
ständigen Leitmotiv aller Handlungen. Daraus erklärt sich der
grosse Einfluss, den der Kurfürst besass, obgleich die meisten
seiner Entwürfe scheiterten, die Achtung, die er sich bei seinen
Zeitgenossen erwarb. Seine grosse politische Erfahrung und seine
persönliche Liebenswürdigkeit wirkten auch dabei mit. Bei der
allgemeinen Zerfahrenheit wurden seine Ansichten und Ratschläge,
die immer ein System darstellten[1]), überall gern gehört, und er
glaubte sich berufen, sich fast in jedes europäische Ereignis ein-
zumischen, sein Gutachten überall abzugeben. Daher dürfte eine
nähere Betrachtung seines Lebens und Wirkens einige Erweite-
rung unserer Kenntnis der mittleren Jahrzehnte des 17ten Jahrhunderts liefern, ganz abgesehen von dem persönlichen Interesse,
das die Geschichte des begabten und thätigen Mannes bietet.

---

1) **Joachim**, Entwickelung des Rheinbundes, S. 444 f.

KAPITEL I.

Das Material für die Geschichte Johann Philipps.

Wenn man es unternimmt, die Geschichte eines Mannes zu schreiben, der dreissig Jahre lang in hervorragender Stellung an der Politik des 17. Jahrhunderts mitgewirkt hat, so muss man von vornherein darauf verzichten, das ganze vorhandene Material zu verwenden. Liegt es doch nur zum kleineren Teile in gedruckten Büchern vor, zum grösseren in gerade für diese Zeit meist sehr umfangreichen und oft inhaltsleeren Archivalien. Sie alle auszunutzen, ist fast unmöglich; umsomehr aber erscheint ein Rechenschaftsbericht darüber notwendig, was für Material herangezogen und unter welchen Gesichtspunkten es ausgewählt wurde.

Ich unterlasse es, die gedruckten Werke aufzuzählen, die Beiträge zur Geschichte Johann Philipps liefern. Von alten und neuen Büchern habe ich herangezogen, was mir irgend erreichbar war, und hoffe nichts Wesentliches übersehen zu haben. Wollte ich den in ihnen enthaltenen Stoff durch eigne Archivstudien ergänzen, so galt es zunächst die Reste der einst in Mainz vereinigten reichen Archivschätze, die bekanntlich Anfang dieses Jahrhunderts zerstreut wurden[1]), aufzusuchen. Ihr grösster und wichtigster Teil, das „Kurerzkanzlerarchiv" befindet sich jetzt im k. k. Haus-, Hof- und Staatsarchive zu Wien[2]). Von den zahlreichen Unterabteilungen, in die es zerfällt, erwiesen sich die Erzkanzlerkorrespondenz und die Mainzer Friedensakten als recht ergiebig. Von jener kommen die Fascikel 14, 17, 18, 20—22,

---

1) Vgl. z. B. W. Velke, Zur Geschichte der Mainzer Archive, im Korrespondenzbl. des Ges.-Ver. der deutschen Geschichts- und Altertumsvereine, Jahrg. 31, 1883, S. 5 f. Thudichum in der archivalischen Zeitschrift XII, 53 ff.

2) Vgl. Löher in seiner archivalischen Zeitschrift VI, 159 ff.

26, 28, 29, 45—47 in Betracht[1]), von diesen betreffen Fascikel
59—66 die Geschichte Johann Philipps[2]). Ein eigentlich zu den
Friedensakten gehöriger Band ist unter die Mainzer Militaria
(Fascikel 16) geraten. Die übrigen Teile des Erzkanzlerarchives,
die Religionsakten u. s. w. enthalten nichts Brauchbares.
Der zweite Hauptteil der Mainzer Archivalien ist ins kgl.
bayr. Kreisarchiv zu Würzburg gekommen, so die schon viel-
fach benutzten mächtigen Mainzer Ingrossaturbücher, von denen
Band 87—93 die Geschichte Johann Philipps betreffen, eine
gleichzeitige Sammlung aller für das Erzstift wichtigen Verträge,
Mandate, Gesetze u. s. w.; ferner die Sitzungsprotokolle des Mainzer
Domkapitels, deren Fascikel 32—37, 39—42 die Regierungszeit
Johann Philipps umfassen. Die Protokolle aus den Jahren 1650
bis Juni 1653 fehlen, ebenso Fascikel 38 (1668), merkwürdiger-
weise gerade der Band, der die Akten über den Prozess des
Domherrn Reiffenberg enthielt; er ist vom Kapitel überhaupt
nicht mehr an das Archiv gekommen. Zu diesen beiden Haupt-
gruppen kommen einige kleinere Stücke: Die Wahlkapitulation
des Kurfürsten von 1647, eine Korrespondenz der kurmainzischen
Regierung mit ihren Agenten bei der Kurie von 1641—58,
Akten über die wegen der Konfirmation Johann Philipps 1647—
1649 in Rom geführten Verhandlungen.

Andere Akten aus den Mainzer Archiven sind nach Darmstadt, Koblenz, Wiesbaden und München gekommen. Meist
haben sie wohl nur territoriale Bedeutung[3]). Ich sah davon nur,
was sich von den Mainzer Hochstiftslitteralien des kgl. bayr.
Reichsarchivs auf die Regierung Johann Philipps bezieht; es
sind einige unwichtige Briefschaften. Viel ist verloren gegangen[4]).

---

1) Leider beziehen sich nur Fascikel 29, 45—47 auf die Zeit nach 1650,
alle übrigen enthalten Akten zur Geschichte des westfälischen Friedens.
2) Sie wurden zum Teil schon von Pribram benutzt, ausserdem neuer-
dings von Landwehr von Pragenau.
3) Vom kgl. Staatsarchive zu Wiesbaden und vom grossh. Haus- und
Staatsarchive zu Darmstadt wird mir das bestätigt. In Mainz selbst ist,
wie mir Herr Oberbibliothekar Dr. Velke gütigst mitteilt, so gut wie nichts
zurückgeblieben.
4) Vgl. darüber Burkhardt, Handbuch der deutschen Archive, 2. Aufl.
unter „Mainz".

Der Zustand mancher der Bände des Erzkanzlerarchives in Wien lässt erkennen, wieviel die Akten auf ihren Irrfahrten den Rhein und Main hinab und hinauf zu leiden gehabt haben, auch empfindet man dort so recht die Lückenhaftigkeit des noch Vorhandenen.

Da Johann Philipp auch Bischof von Würzburg war, musste meine zweite Aufgabe sein, die Akten dieses Stifts aus den Jahren 1642—73 zu studieren. Die eigentlichen Regierungsakten sind nicht mehr vorhanden [1]). Um so grössere Wichtigkeit erhält die staatliche Sammlung der domkapitulischen Rezesse [2]), die sich im Würzburger Kreisarchiv befindet; etwa dreissig schön geschriebene und mit Registern versehene Bände umfassen die Zeit Johann Philipps. Ebenda liegen die Libri diversarum formarum. Sie haben für Würzburg ungefähr dieselbe Bedeutung wie die Ingrossaturbücher für Mainz. Band 39—41 kamen für mich in Betracht.

Schönes Material vor allem für die Jahre 1642—46 boten ferner die fränkischen Kreistagsakten des Würzburger Archives. Durch einige kleinere Sammlungen werden sie ergänzt: Da ist ein kurzer Briefwechsel des Bischofs mit Bayern, Eichstädt, Bamberg u. s. w., betreffend den Konferenztag zu Donauwörth 1842/43; eine kurze Korrespondenz des Bischofs mit Königsmark und Wrangel 1645/46; da sind zwei andere Briefsammlungen über politische und Kriegsereignisse von 1642—46. Von Einzelurkunden nenne ich ferner noch die Kapitulation Johann Philipps von 1642 und sein Testament von 1670.

Das ist alles, was von den Akten der Regierung Johann Philipps noch vorhanden oder wenigstens bekannt ist. Eine Ergänzung dieses Materials war nun möglich in den Archiven aller der Fürsten, zu denen der Kurfürst Beziehungen gehabt hat, d. h. wohl in jedem deutschen und in vielen auswärtigen. Dass da eine Auswahl eintreten musste, ist selbstverständlich.

Bei den intimen Beziehungen, die Johann Philipp während des grössten Teiles seiner Regierung zu Frankreich unterhielt,

1) Auch Wegele hat sie vergeblich gesucht. Geschichte der Universität Würzburg, I, IV.

2) Protokolle, wie Wegele sie nennt, sind es eigentlich nicht.

musste in erster Linie das Archiv der auswärtigen Angelegenheiten in Paris in Betracht kommen. Gewiss würde sich dort noch über manchen Punkt haben Aufklärung finden lassen, doch ist wohl anzunehmen, dass die wichtigsten Beiträge, die es liefert, schon durch Mignet und Guhrauer, durch Pribram, Chéruel, Legrelle, Rousset u. s. w. bekannt gemacht worden sind. Pribram hat auch die einschlagenden Akten des k. k. Staatsarchivs (im engeren Sinne) in Wien schon benutzt, doch unterzog ich die Fascikel 1ᵇ—6 der Moguntina, die Fascikel 103, 106—108 der Friedensakten einer erneuten, für meine spezielleren Zwecke nicht ganz ergebnislosen Durchsicht, benutzte ausserdem noch Fascikel 171—74, 179, 193—196 der Kriegsakten. Die sogenannten Reichsakten in genere boten nichts, aber an mancher andern Stelle des Wiener Archives würde sich wohl noch Material finden lassen, wie es jüngst die Arbeit Landwehrs von Pragenau bewiesen hat.

Was die preussischen Archive zur Geschichte Johann Philipps enthalten, ist im wesentlichen wohl wenigstens für grosse Teile seiner Regierung in den „Urkunden und Aktenstücken zur Geschichte des Kurfürsten Friedrich Wilhelm" und in den Werken von Droysen, Erdmannsdörffer, Köcher, Joachim u. s. w. verwertet, aus dem Dresdener Archive schöpften Auerbach, Hassel, Gehrke u. a. das Material für ihre Bücher und Abhandlungen. Schreiber und Heide lieferten einige Beiträge zu gewissen Abschnitten der Regierung Johann Philipps aus den Münchner Archiven.

Ich benutzte im k. bayr. Staatsarchive die kurmainzische Korrespondenz, die für die Jahre 1647—51 sehr ergiebig ist, aber nach dem Tode Maximilians stark an Bedeutung verliert, und den ersten Band der von Heide wohl schon genügend ausgenutzten Wahlakten Leopolds I.

Auch die umfangreichen Frankfurter Reichsdeputationstagsakten enthielten einige interessante Nachrichten. Aus dem pfälzischen Teile des Archives kam nur ein Band aus dem Nachlasse des neuburgischen Kanzlers Giese in Betracht.

ᛁ Aus dem kgl. bayr. Reichsarchive waren die Fascikel 467, 518, 548 der Akten des dreissigjährigen Krieges von einiger

Bedeutung, die Bodmann-Habelschen Sammlungen ebenda enthalten nichts von Wert.

Als Kirchenfürst stand Johann Philipp stets in regen Beziehungen zur Kurie, ich konnte daher hoffen, in den Akten des vatikanischen Geheimarchives aus den Jahren 1650—73 einige Beiträge zu seiner Geschichte zu finden. Vollständigkeit war bei dem grossen Umfange dieser Akten nicht möglich, doch sah ich durch:

Die Kölner Nuntiaturberichte Nr. 23—49 (Berichte der Nuntien von 1652—1674, im ganzen vollständig, nur einige Bände Cifre fehlen) und Nr. 138—142 (Register der Briefe der Kardinalstaatssekretäre an die Kölner Nuntien von 1655—74; die Chiffren an die Nuntien sind mit denen von ihnen vereinigt);

die Bände 168—175, 182, 185 des Nunz. di Germania, enthaltend Lettere der Wiener Nuntien von 1660—64, Cifre von 1660—69;

Nunz. di Francia 133—143, 269—272 die Jahre 1667—1671 umfassend; die Akten dieser Nuntiatur sind von erschreckendem Umfang.

Einige Ergänzungen zu den vatikanischen Akten bietet die Bibliotheca Chisiana. Die Fascikel A. I 14—18 dort enthalten Kopien von den Lettere und Cifre des Kölner Nuntius Fabio Chigi vom Nov. 44 bis Okt. 51 [1]), und die Fascikel E. I 15, 16, 18, 24, 25, 28, 29; E. II 32 Kopien von Chiffren der Kölner, Wiener und Pariser Nuntiatur aus den Jahren 1659—65. Die Chiffren des Wiener Nuntius Elci von 1652—57 enthält in Kopien der Codex LXIX 19 der Barberina und der Codex 535 der Corsiniana.

Für die politische Geschichte liefern diese Nuntiaturberichte hie und da eine interessante Notiz, im ganzen aber erreichen sie lange nicht die Bedeutung der Berichte des 16. Jahrhunderts [2]).

---

1) Beiträge zur Geschichte des westfälischen Friedens liefern auch Nunz. di Colonia 153 und der Codex Ottob. 3271 der vatikanischen Bibliothek.

2) Wie weit die Nunz. di Francia für die französische Geschichte wichtig ist, entzieht sich meiner Beurteilung. Sehr viel Material liegt in den römischen Archiven und Bibliotheken über die Geschichte des Jansenismus.

Von grösserer Wichtigkeit sind sie direkt für die Politik der Kurie und für kirchengeschichtliche Ereignisse. So boten sie mir für die Kirchenpolitik Johann Philipps einige wertvolle Beiträge.

Ich benutzte ferner im vatikanischen Archive die Lettere di Principi aus den Jahren 1645—73 Fascikel 70—99, eine sehr vollständige Sammlung der Originalbriefe aller Fürsten, die zur Kurie in Beziehung standen, und als solche nicht ohne Wert. Auch fast alle Briefe Johann Philipps an die Päpste und Kardinalstaatssekretäre finden sich hier. Abschriften der Breven Clemens X. enthält die Corsiniana Cod. 539—41, darin also auch seine Briefe an den Kurfürsten von Mainz.

Mancherlei würde wohl das Archiv der Propaganda geboten haben, doch gelang es mir nicht, die Erlaubnis zu seiner Benutzung zu erlangen. Eigene Nachforschungen der Beamten ergaben nichts, was kaum glaublich erscheint, wenn man Piepers Uebersicht in A. de Waals Römischer Quartalschrift Band I. vergleicht.

Im ganzen lässt somit das Material an Umfang nichts zu wünschen übrig, sein Wert ist sehr verschieden.

Erwünscht wäre eine vertrauliche Korrespondenz des Kurfürsten mit einem seiner Räte oder mit einem befreundeten Fürsten. Ich hoffte etwas derart im Schönbornschen Familienarchive in Wiesentheid zu finden, doch blieb es mir verschlossen. Nach Erkundigungen, die ich einzog, soll das dort Vorhandene unbedeutend sein.

KAPITEL II.
Johann Philipp bis zum westfälischen Frieden.

Aus dem Kirchdorfe Schönborn an der Lahn zwischen Nassau und Diez stammt das Geschlecht der Freiherrn, späteren Grafen von Schönborn. [1]) Schon 1192 soll sich einer dieses Namens in Krieg und Frieden ausgezeichnet haben, der genaue Stammbaum der Familie wird bis 1284 zurückgeführt, doch enthält er einige zweifelhafte Angaben. Sicher ist, dass bis ins 17. Jahrhundert kein Mitglied des Geschlechtes ausserhalb der Grafschaft Nassau und der nächstgelegenen geistlichen Fürstentümer eine Rolle gespielt hat. Domherrnstellen in Mainz, Trier und Würzburg, auch wohl einmal eine Malteserkommende bildeten das Ziel des Ehrgeizes der unverheirateten Söhne, die Stammhalter beschränkten sich auf die Verwaltung ihrer Besitztümer und brachten es dadurch zu einem gewissen Reichtum, übernahmen auch wohl Stellungen als Amtmänner in nassauischen und kurmainzischen Diensten. Schon 1466 konnte ein Johann von Schönborn vom Grafen Philipp von Nassau-Weilburg die Feste Freienfels pfandweise übernehmen, bis 1687 blieb sie im Besitze der Familie. Philipp, der Urenkel dieses Johann, war der Grossvater Johann Philipps. 1572 vermählte er sich mit Agathe Donner von Lotheim. Drei Söhne entsprossen dieser Ehe. Der älteste wurde Domherr zu Würzburg, der zweite Georg trat durch Verheiratung mit Maria Barbara von der Leyen in verwandtschaftliche Be-

---

1) Vgl. über diese einleitenden Angaben den rheinischen Antiquarius 3. Abteil. II, 156 f., Ioannis Res Moguntinae I, 050 f., II, 237, 355, 395, Kneschke, deutsches Adelslexikon VIII, 289; den gothaischen Hofkalender von 1840 S. 213 und den Stammbaum in Hopfs historisch-genealogischem Atlas, Tafel 133.

ziehungen zu den einflussreichen rheinischen Prälatengeschlechtern
der Leyen, Heppenheim, Rüdesheim, Ingelheim, Reiffenberg u. s. w.
Von 1622 —25 verwaltete er die mainzischen Aemter Amöneburg
und Neustadt, meist aber hielt er sich auf der Burg zu Eschbach
auf, die die Schönborn schon seit 1504 mit allen Gerechtsamen
besassen. Dort wurde auch am 6. August 1605 als erster Sohn
Johann Philipp geboren [1]). Wie schon öfter in der Familie
wurde auch diesmal der älteste Sohn zum geistlichen Stande bestimmt, während dem zweiten, Philipp Erwin (geboren 1607), die
Erhaltung des Geschlechtes oblag. Schon 1643 finden wir ihn
als Amtmann von Steinheim in mainzischen Diensten [2]).

Die Erziehung Johann Philipps war trotz seines geistlichen Standes die anderer junger Adligen seiner Zeit. Studium,
Reisen, Kriegsdienste bildeten ihre drei Abschnitte. 1619 wurde
er Kleriker, 1621 Domicellar in Würzburg [3]), 1625 in Mainz.
Während dieser Zeit wird er in Mainz [4]) und Weilburg [5]) studiert
haben. Dann ging er nach Orleans, wo er vor allem ritterlichen
Uebungen oblag [6]). Dort und auf weiteren Reisen in Frankreich
und Italien erwarb er sich die Sprachkenntnisse, die später an
ihm gerühmt wurden. Bald nach der Rückkehr wurde er 1629
Kapitular in Würzburg, nachdem er das vorschriftsmässige Alter
von 24 Jahren eben erreicht hatte. Damals gewann der kluge
und edle Jesuit Spee auf ihn bestimmenden Einfluss. 1630 er-

1) Ioannis I, 959. Gualdo Priorato, der in seiner Relatione dell' Elettorati
di Magonza e Colonia; delli Vescovati d' Herbipoli, Munster et Osnabruch
.... In Colonia. Approsso Pietro de la Place MDCLXIX, S. 15 ff, eine
Lebensbeschreibung Johann Philipps giebt, lässt ihn am 22. Sept. 1604 geboren werden. Wenn er auch offenbar in Mainz und Würzburg selbst bei
Lebzeiten Johann Philipps seine Erkundigungen eingezogen hat, gebe ich
doch dem bewährten Ioannis in diesen und anderen Punkten den Vorzug
vor dem italienischen Vielschreiber. Das Geburtsjahr wird übrigens auch
durch Johann Philipps Grabschrift bestätigt. Vgl. Gropp, Coll. noviss. rer.
Wirceb. II, 463.

2) Würzb. Archiv, Kreistagsakten 61.

3) Näheres darüber bei Amrhein, Reihenfolge der Mitglieder des adeligen
Domstifts zu Würzburg, II, S. 165 f. (Arch. d. hist. Ver. v. Unterfr. und
Aschaffenb., Bd. 33).

4) Gropp a. a. O. II, 465.

5) Ioannis I, 959.

6) Gropp, a. a. O.

warb er eine Dompräbende in Worms und 1635 die Probsteien von Kronberg und von St. Burkhard, einer der ältesten und angesehensten Kirchen in Würzburg[1]).

Wir haben keine Nachrichten über die Erlebnisse Johann Philipps während der Schwedenherrschaft, können aber vermuten, dass die Eindrücke, die er damals empfing, der Hauptgrund für seine spätere Friedensliebe waren. Er leistete auch selbst Kriegsdienste, soll der Wahl von 1642 in seiner Offiziersuniform beigewohnt haben[2]). Im kaiserlichen Heere führte er eine Reiterabteilung unter Graf Melchior von Hatzfeld; die mit diesem damals geknüpften Freundschaftsbande löste erst der Tod. Auch der damalige Bischof Franz von Würzburg und Bamberg war ein Hatzfeld, wir dürfen wohl gute Beziehungen zwischen ihm und dem jungen Domherrn voraussetzen.

Auch dem Domkapitel empfahl sich Johann Philipp durch gute Dienste. So schickte man ihn im Februar 1642 nach Köln, um das Archiv des Stifts (die Silbersachen und Reliquien), das in der Schwedenzeit teils dem Rate, teils einem Bürger Kölns übergeben war, zu holen. An Graf Hatzfeld, der in jenen Gegenden stand, schrieb man, damit er Schönborn helfe. Johann Philipp scheint diesen Auftrag zur Zufriedenheit ausgeführt zu haben. Anfang März reiste er ab, schon im April kam er mit den Schätzen nach Mainz, erst am 6. August[3]) finden wir ihn wieder in Würzburg. Dort hatte man ihn und Rudolf von Stadion inzwischen am St. Kilianstage zu Schlüsselmeistern (zur Bewachung der Reliquien u. s. w.) ernannt, dort war auch am 30. Juli der Bischof Franz gestorben. Der Geldmangel war bei seinem Tode so gross, dass man nicht wusste, wie man den Wein und das Essen für die Trauer- und Wahlfeierlichkeiten bezahlen sollte. Man beschloss endlich, einen Teil des eben von Schönborn geholten Silbergeschmeides in Nürnberg zu versetzen, anderes verpfändete man für 1000 Thaler an den Domdechanten Veit Gottfried von Werdtenau. In der Deputation zur Auswahl geeigneter Stücke finden wir auch Herrn von Schönborn. Bei

---

1) Alles dies nach Ioannis, I, 959 f., und nach Amrhein.
2) Amrhein, a. a. O.
3) Ich citiere entweder nach dem neuen Kalender oder doppelt.

dieser Untersuchung erwies sich, dass der vorhandene Schatz für
ein ehrliches Begräbnis volkommen reiche, nicht aber zur Be-
zahlung der Schulden. Schliesslich streckte der Nürnberger
Reibolt Geld vor gegen Bürgschaft des Domdechanten und des
Herrn von Schönborn¹).

Man kann daraus wohl schliessen, dass Johann Philipp einer
der kapitalkräftigsten unter den Domherren war. Dies mag ihn
neben seiner sonstigen Tüchtigkeit dem Kapitel empfohlen haben.
Von französischem Einfluss bei der Wahl habe ich nichts be-
merken können, als Gesandter des Kaisers war Graf Johann
Adolf zu Schwarzenberg anwesend. Am 16. August 1642 fand
die Wahl statt. Zunächst beschloss man, dass nicht wieder für
die beiden Stifter Bamberg und Würzburg ein Herr gewählt
werden solle, ja man nahm sogar in die Kapitulation den Satz
auf, dass der künftige Bischof eo ipso huius ecclesiae incapax
sein solle, wenn er die Wahl in irgend einem andern Stift an-
nähme. Darauf wurde Johann Philipp von Schönborn unter den
üblichen Formalitäten gewählt. Schon am 22. August traf der
apostolische Nuntius Fabio Chigi ein, um den Prozess der Wahl
vorzunehmen, auch wurde Johann Philipp damals durch ihn als
Diakonus ordiniert. 1645 am 6. Juli erhielt er vom mainzischen
Vikar Wolther die Priester-, am 8. September desselben Jahres
die Bischofsweihe²).

Es war sicher keine leichte Aufgabe, in jenen bedrängten
Zeiten die Regierung des Stiftes zu übernehmen. Nicht viel
weniger als andere Gebiete des Reiches hatten die Frankenlande
seit dem grossen schwedischen Einfalle gelitten. Sie waren zu
fruchtbar, um nicht immer von neuem beutegierige Scharen an-
zulocken, sie lagen zu sehr im Herzen Deutschlands, um von
fortwährenden Durchzügen verschont zu bleiben. Lange war
Würzburg ein Hauptquartier der Schweden gewesen, und wenn
auch jetzt das Stift in die Hände seines rechtmässigen Besitzers
zurückgegeben war, wenn es auch in den nächsten Jahren weniger
wie andere Gebiete mitgenommen wurde, da es weder für die

1) Würzb. Archiv, Domkapitelrezesse.
2) Würzb. Archiv, Domkapitelrezesse; Wahlkapitulation Johann Philipps.
Ioannis I. 900.

Franzosen noch für die Schweden auf dem Wege lag bei ihrem
Angriffe auf Bayern und die kaiserlichen Erblande[1]), so hatte es
doch unter den kaiserlichen und bayrischen Einquartierungen
und den häufigen schwedischen Streifzügen genug zu leiden. Sich
selbst zu verteidigen, war das Stift zu schwach, es konnte nur
im Anschluss an Grössere Rettung finden. Hauptziel des Bischofs
aber wie aller kleineren Stände, denen das Wohl ihrer Gebiete
am Herzen lag und die nicht durch einseitig konfessionelle Be-
weggründe bestimmt wurden, konnte nur der Friede sein, nur von
ihm war völlige Befreiung von Einquartierungen, Durchzügen und
Kontributionen, die Rettung des Stifts, zu erwarten.

Die Politik Johann Philipps in den letzten Kriegsjahren
kann als Beispiel dienen für die der meisten kleineren Reichsstände des Südens, besonders unter den süddeutschen Bischöfen
scheint er eine führende Rolle gespielt zu haben. Auch im
fränkischen Kreise ging die Initiative, wie wir sehen werden,
meist von ihm aus.

Indem sich Johann Philipp von seinem Regierungsantritte an
die Beförderung des Friedens angelegen sein liess, folgte er nur
den Bahnen, die schon sein Vorgänger eingeschlagen hatte, und
wie dieser schloss er sich dabei meist an Bayern an, das ähnliche Ziele, wenn auch zum Teil aus anderen Motiven, verfolgte.
Würzburg hatte schon auf dem Reichstag von 1640/41 neben
Kurbayern und Salzburg die Zufriedenheit der Schweden und
Protestanten gewonnen[2]). Mit allen kleineren Ständen setzte es
dann grosse Hoffnungen auf den Deputationstag, der im Frühjahr 1642 in Frankfurt stattfinden sollte. Auf den 1. August
erst wurde er berufen, er sollte über die Reichsjustizreform beraten.
Unterdessen hatten die fränkischen Kreisstände auf einem Kreistag zu Hassfurt im Juni die Ansicht geäussert, dass der Deputationstag auch den punctum pacis als conditio sine qua non der
Justiz vornehmen müsse[3]). Vielfach fand man damit Anklang,
auch Maximilian von Bayern erklärte brieflich, dass er damit ein-

---

1) Stein, Geschichte Frankens, II, 109 ff.
2) Urk. und Aktenst., I, 577.
3) Chemnitz, Schwedischer Krieg, IV, 2, 74; bayr. Staatsarchiv, Reichs-
deputationsakten.

verstanden sei[1]). Als sein Brief ankam, war Bischof Franz eben
gestorben, die Eröffnung des Frankfurter Tages wurde seines
Todes wegen bis zum 1. Oktober verschoben[2]), auch dann ver-
zögerte Oesterreich die Proposition noch bis zum 11. Februar 1643.
Doch hatten unterdessen schon Beratungen wenigstens der kurfürstlichen Gesandten unter sich stattgefunden. Sie betrafen den
Frieden und knüpften an frühere Ereignisse an.

Am 19. Juli 1642 hatten die Kurfürsten dem Kaiser auf
seinen Wunsch ein Gutachten darüber abgegeben, wie man wohl
die Schwierigkeiten beseitigen könne, die der Eröffnung der
Friedensverhandlungen im Wege lägen. Sie rieten, der Kaiser
solle dem Könige von Frankreich vermittelst der Kurfürsten von
Bayern und Sachsen im geheimen mitteilen, aus welchen Ursachen
er bisher Bedenken getragen habe, seine Bevollmächtigten zu den
Generalfriedenstraktaten zu schicken. Eventuell sollten die zu
diesem Zwecke nach Frankreich geschickten Gesandten son-
dieren, wie man dort über Partikularfriedensverhandlungen denke.
Dem Kaiser überliess man es, ob auch nach Schweden eine ähnliche Sendung stattfinden solle. Ihm passte aber der Vorschlag
überhaupt nicht recht. In seiner Gegenerklärung vom 29. Juli sprach
er die Ansicht aus, man werde durch solche Sendungen nur Weit-
läufigkeiten erregen. Jedenfalls verlangte er Aufschub der Sache[3]).

Monate vergingen, ohne dass man wieder etwas von dem
Plane hörte. Erst in Frankfurt nahmen die kurfürstlichen Gesandten ihn wieder auf und baten den Kaiser durch einen Brief
vom 22. Dezember 1642, sich jetzt über die Sendung nach
Frankreich zu erklären. Könne er es auch jetzt nicht, so werde
er ihnen wohl nicht übel nehmen, wenn sie mit anderen Fürsten
und Ständen in Beziehung träten und berieten, auf welche Weise
die Schickung bewerkstelligt werden könne[4]); das heisst doch
wohl, sie wollten die Sache dann dem Deputationstag vorlegen.
Maximilian, von dem wohl der ganze Plan ausging, wartete die
kaiserliche Antwort gar nicht erst ab. Am 31. Dezember 1642

1) Würzb. Arch., Domkapitelrezesse.
2) Chemnitz, IV, 2, S. 102.
3) Chemnitz, IV, 2, S. 102. Sattler, Geschichte Württembergs, VIII
Beil. 17. Würzb. Archiv. Kreistagsakten 59.
4) Wien, Erzkanzlerarchiv, Korrespondenz 26.

lud er die Hauptmitglieder des schwäbischen und fränkischen Kreises zu einem Konferenztag in Dinkelsbühl ein, der später nach Donauwörth verlegt wurde und Ende Januar bis Anfang Februar 1643 tagte. Auf Wunsch berichteten hier die Vertreter Bayerns über jene kurfürstlichen Vorschläge. Die Versammelten stimmten nicht ganz damit überein; Würzburg war der Ansicht, die Sendung nach Frankreich und Schweden sei despektierlich für den Kaiser, besser sei, sie geschehe im Namen der Kurfürsten und Stände. Alle aber meinten, der Deputationstag müsse sich des Friedenswerkes annehmen, da der Kaiser nach 8 Monaten noch keine Resolution gefasst habe. Man hielt für nötig, auf die Frankfurter Versammlung einen Druck auszuüben, und beschloss in Wiederholung früherer Kreistagsbeschlüsse Gesandtschaften aller drei oberen Kreise mit gleichlautenden Instruktionen nach Frankfurt zu schicken. Der Wortlaut für diese Instruktion wurde sogleich entworfen. Man forderte darin die Deputierten auf, zuerst über den Frieden und dann erst über die Justiz zu beraten, empfahl die Beförderung der geplanten Sendung nach Frankreich und Schweden und für die Friedensverhandlungen eventuelle Trennung der causae externae von den causis imperii [1]. So begannen allenthalben die Stände eigenmächtig vorzugehen, um dem endlosen Kriege ein Ende zu machen. Dem Kaiser passten diese Bestrebungen wenig, und er that sein möglichstes, um sie zu beseitigen. Zuerst gelang ihm das mit dem Gesandtschaftsplane der Kurfürsten [2]. Dabei halfen ihm mancherlei Umstände. Zunächst zeigten die Verhandlungen, die der kaiserliche Gesandte Herberstein um die Jahreswende in Frankreich führte, dass man dort geringe Neigung zu Partikularverhandlungen hatte; noch einmal deswegen eine Gesandtschaft nach Paris zu schicken, schien zwecklos [3]. Ferner konnte der kaiserliche Gesandte Metzger am 7. April in Frankfurt die Mitteilung machen, dass die Eröffnung der Ver-

---

1) Ueber den Donauwörther Tag vgl. Chemn. IV, 3, S. 43 ff. Sattler, VIII., Beil., 16,17. Würzb. Archiv., Kreistagsakten 59. Historischer Saal VII, Fasc. 3, No. 38.

2) Vgl. auch Katt, Beiträge zur Geschichte des dreissigjährigen Krieges I, (Göttingen 1875 (Diss.), S. 35 ff.

3) Der Kaiser an die Kurfürsten von Bayern, Mainz und Köln 1643, Februar 19. und 25. Würzb. Arch., Reichswesen, Fasc. 6.

handlungen in Münster und Osnabrück auf den 1. Juli festgesetzt sei. Da die geplante Gesandtschaft nur die Eröffnung der Verhandlungen hatte beschleunigen sollen, hatte sie nun keinen rechten Sinn mehr[1]). Endlich gab es eine Partei unter den Kurfürsten, die nicht mit dem Plane übereinstimmte. Sachsen sprach sich entschieden dagegen aus in der Meinung, dass Bayern die Sendung wünsche, um sein Privatinteresse in Frankreich zu negociieren[2]); Brandenburg war auch nicht recht dafür, und ihnen schloss sich Mainz, das durch spanisches Geld gewonnen war, bereitwilligst an. Maximilian trat Mitte März noch eifrig für seinen Plan ein; am 25. gab er seinen Widerstand auf und befahl seinen Gesandten, die Sendung nicht weiter zu urgieren[3]). Auch an der Gesandtschaft der drei Kreise hatte er nun kein Interesse mehr, hintertrieb sie im bayrischen und schwäbischen Kreise. Die fränkischen Abgeordneten trafen am 23. April in Frankfurt ein, warteten vergeblich auf die Vertreter der beiden anderen Kreise, und da sie merkten, dass auch sonst der Wind sich gedreht hatte, sprachen sie gar nicht von der Sendung nach Frankreich und Schweden, klagten nur im allgemeinen über die schweren Kriegslasten, forderten Beschleunigung des Friedens und Zulassung der Fürsten und Stände zu den Generalfriedenstraktaten mit den ausländischen Kronen, idque cum plenissimo jure suffragii. Grossen Erfolg hatte die Sendung des einen Kreises natürlich nicht[4]).

Unterdessen hatten die Stände darin ihren Willen durchgesetzt, dass auf dem Deputationstage gegen den Willen der Kaiserlichen zunächst die „äusserliche Beruhigung des Reiches", d. h. der Friede, vorgenommen wurde. Der würzburgische Gesandte Johann Philipp von Vorburg war hier eifrig thätig, meist zusammenwirkend mit den bayrischen Deputierten. Auch in dem Grundgedanken der Trennung des spanischen Krieges vom deutschen stimmten Johann Philipp und Maximilian schon damals überein[5]).

1) Chemn. IV, 3, S. 65.
2) Urk. und Aktenst. I, 815.
3) München, Staatsarchiv, Frankfurter Deputationstagsakten II. Vgl. Katt, S. 41.
4) Würzb. Archiv, Kreistagsakten GO. Relation der Gesandten vom 3. Juli 1643.
5) Chemn. IV, 3 varie. Münchener Staatsarch., Deputationstagsakten III.

In Gegensatz traten beide zu einander erst, als es sich um die Zulassung der Stände zu den Generalfriedenstraktaten handelte; gerade in diesem Punkte entwickelte Vorburg eine Energie, die ihm das Lob des brandenburgischen Gesandten Wesenbeck verschaffte. Der Vertreter Würzburgs scheint gradezu die Führung der fürstlichen Deputierten gehabt zu haben, was ihn z. B. mit dem Kölner Buschmann in unliebsame Erörterungen verwickelte [1]. Anfangs war die Ansicht der fürstlichen Gesandten, die einzelnen Kreise sollten Deputierte zum Friedenskongress schicken. Da es nicht gelang, die Kurfürsten für diesen Plan zu gewinnen, schlug Würzburg am $\frac{29.\ \text{April}}{9.\ \text{Mai}}$ vor, man solle doch den Deputationstag selbst nach Münster verlegen oder auch ihn in Frankfurt die Friedensfrage verhandeln lassen. Bei Oesterreich und allen Fürsten fand dieser Vorschlag Anklang, den Kurfürsten passte er weniger, ausserdem zeigte sich bald, dass Oesterreich wohl die Kontinuation, aber nicht die Translation wollte. Lange stritt man sich, kein Teil wollte nachgeben, höchstens darein wollten die Fürsten willigen, dass nur ein Ausschuss des Deputationstages nach dem Kongressort verlegt würde [2]. Vergebens versuchten die Kaiserlichen und Bayern, die Fürsten zu spalten, die katholischen „mit dem Religionsinteresse zu locken", sie blieben standhaft, besonders Vorburg erklärte ganz im Einklang mit seinem Bischof, dass die Religion aus dem Spiele gelassen werden müsse [5]. Auf ein Abmahnungsschreiben des Kaisers vom 19. Juli 1643 antwortete Johann Philipp im August in einem sehr mannhaften, von Vorburg entworfenen Briefe [4].

Schliesslich trugen die Fürsten, da Brandenburg sich ganz auf ihre Seite stellte, Köln in die Translation willigte, Frankreich und Schweden die fürstlichen Forderungen energisch unterstützten, vor allem da das Kriegsglück den Kaiserlichen ungünstig

---

1) **Meiern**, Acta comitialia II, 31. Vgl. ferner über diese Frankfurter Streitigkeiten Urk. und Aktenst. I, 829 f. Chemn. IV, 3, S. 122 f. **Stöckert**, Die Admission der deutschen Reichsstände zum westfäl. Friedenskongresse. **Droysen**, Gesch. der preuss. Politik III, 1, S. 109 f. (Ich citiere n. d. 2. Aufl.)
2) Chemn. IV, 3, S. 65—77. **Meiern**, Acta Com. II, 45 ff.
3) Urk. und Aktenst. I, 827 f. **Schreiber**, Gesch. Maximilians, 802 ff.
4) Würzb. Arch., Reichswesen, Fasc. 6.

war, nach harten Kämpfen einen vollen Sieg davon. Nicht nur Kreisgesandtschaften oder Verlegung des Deputationstages, sondern Zulassung jedes einzelnen Standes zum Kongress musste der Kaiser ihnen gewähren [1]). Es war das Todesurteil für alle absolutistischen Pläne des Hauses Habsburg, das Signal für die Auflösung des Reiches in seine Glieder, die souveränen Territorialstaaten. Auch die Präeminenz der Kurfürsten war stark in Gefahr, daher rührte der Widerstand Maximilians, der als jüngster Kurfürst auf seine Würde am eifersüchtigsten war.

Der weitere Verlauf des Deputationstages, der Ende Mai endlich seine eigentliche Aufgabe, die Justiz, vornahm und hier wertvolles Material für die Verhandlungen des nächsten Reichstages lieferte, bietet insofern für uns weniger Interesse, als Vorburg jetzt sehr in den Hintergrund trat. Er verstand nicht viel davon, wie er selbst einmal gesteht [2]). Nachdem die Gesandtschaft des fränkischen Kreises nach Frankfurt ergebnislos verlaufen war, erkannte man im Kreise, dass man nun doch wohl nur durch die Generalfriedenstraktate den Frieden erlangen würde. Dort das Jus suffragii zu erlangen, war jetzt die Losung; auf verschiedenen Kreistagen beriet man 1643/44 darüber, durch die wiederholten Einladungsschreiben der Kronen wurde man in seiner Absicht bestärkt [3]), auch zu anderen Kreisen trat man in Beziehung. Am 26. Februar 1644 beriet man über eine von Würzburg entworfene Instruktion für die Gesandten: In praeliminaribus sollen sie vor allem das jus suffragii zu behaupten suchen, wenn es nicht gewährt wird, protestieren. In substantialibus sollen sie dringen auf Beschleunigung der Veröffentlichung der Generalamnestie, ferner auf Trennung der Reichssachen von den causis externis. Erst im November kam ein ungefähr diesem Vorschlage entsprechender Beschluss zu stande. Zu den auswärtigen Angelegenheiten rechnete man auch die Burgunds, Mai-

---

1) Alles Nähere bei Stoeckert.
2) Meiern, Acta Com. II, 161.
3) „Die Schweden schrieben auch an einige katholische Stände, die nicht schlechterdings gut österreichisch und zum Teil kein Blatt bisher vors Maul genommen, sondern vor des Vaterlands Freiheit tapfer gesprochen, als Salzburg, Bamberg, Würzburg, Coetnitz und die Prälaten." Chemn. IV, 4, S. 134/35.

lands und Lothringens, wenn diese Länder auch eigentlich zum Reiche gehörten[1]). Auf demselben Kreistage beschloss man auch definitiv die Absendung einer Kreisgesandtschaft nach Westfalen. Im Februar 1645 führte man diesen Beschluss aus trotz der Abmahnungsschreiben und Gegenwirkungen des Kaisers[2]). Am $\frac{5.}{15.}$ März trafen die Gesandten: Gobelius für Bamberg, Joh. Müller für Kulmbach und Oehlhafen für Nürnberg in Münster ein, fungierten dort bis zum September als Vertreter des Kreises[3]). Am $\frac{9.}{19.}$ September erklärte ein Kreistag zu Bamberg die Kreisgesandtschaft für aufgehoben, da ja jeder einzelne Reichsstand deputieren solle[4]), am $\frac{18.}{28.}$ September wird dann zum ersten Male ein würzburgischer Gesandter (Vorburg) erwähnt[5]).

Im ganzen versprach sich Johann Philipp nicht viel von den allgemeinen Friedensverhandlungen. Er fürchtete, dass die Erledigung aller österreichisch-spanisch-französisch-holländischen Streitigkeiten viele Jahre in Anspruch nehmen würde, und hielt es daher für praktischer, einen Partikularfrieden zwischen dem Reich und den beiden Kronen Frankreich und Schweden zu befördern. Zu diesem Zwecke sollte der Kaiser Kurbayern auffordern, „sich bei Frankreich nomine des Reichs zu interponieren und selbige Kron zu einem Partikularfrieden mit dem Reich zu disponieren", Frankreich solle dann Schweden gleichfalls dazu vermögen[6]). Am 8. Oktober 1644 schrieben die Bischöfe von Bamberg und Würzburg deswegen aus Hassfurt an Maximilian, anknüpfend an den kurfürstlichen Gesandtschaftsplan von 1642[7]).

1) Würzb. Arch., Kreistagsakten 63, 64. Einiges auch schon bei Chemnitz, Meiern und Stöckert.
2) Meiern, Acta Pacis Westphal. I, 344 ff. Chemn. IV, 4, S. 170 f. 5, S. 8. Stöckert, S. 27.
3) Chemn. IV, 5, S. 24.
4) Moser, Craisabschiede des fränk. Craises, 207 ff. Meiern, II, 79 ff.
5) Meiern, I, 709.
6) 1644, Nov. 1. Instruktion Johann Philipps für seinen Gesandten auf dem Kreistag zu Bamberg. Würzb. Arch., Kreistagsakten 64.
7) Würzb. Arch., Reichswesen Fasc. 6. Urk. und Aktenst. I, 860 ff. Vgl. S. 17 dieser Abhandlung. Katt, S. 62 f.

Der Kurfürst ging bereitwilligst auf den Vorschlag der Bischöfe ein; während sie mit Kulmbach und Nürnberg verhandelten, trat er mit dem Kaiser in Verbindung [1]. Ein Versuch, auch Mainz auf einer persönlichen Zusammenkunft des Bischofs von Würzburg mit dem Kurfürsten Anselm Kasimir für den Plan zu gewinnen, wird schwerlich Erfolg gehabt haben [2]. Auch auf dem Bamberger Kreistage im November kam kein Beschluss über die Sache zu stande. Mit Bayern aber verhandelten die Bischöfe noch bis ins Frühjahr 1645, und Maximilian hielt sich auf Grund dieser Verhandlungen für berechtigt, durch seinen Beichtvater Vervaux in Frankreich anzubieten, er wolle sich mit Kurköln und mit dem bayrischen, fränkischen und schwäbischen Kreis unter französisches Protektorat begeben [3]. Damals führten diese Verhandlungen noch zu nichts. Etwas später (im Sommer 1645) forderte Maximilian den Kaiser im Namen der Bischöfe von Augsburg, Würzburg, Bamberg und Eichstätt auf, einen Waffenstillstand mit den Feinden zu schliessen, Frankreich durch Abtretung eines Stückes Land zu befriedigen, hatte aber auch damit keinen Erfolg [4]. Immer wieder musste man schliesslich doch seine Hoffnung auf die Generalfriedenstraktate setzen. Niemand aber zweifelte daran, dass diese wenn je erst nach Jahren zum Frieden führen würden; schon seit 1642 war man daher in den einzelnen Kreisen darauf bedacht, sich auf andre Weise vor dem Ruine zu schützen. —

Als Johann Philipp die Regierung antrat, hatte der fränkische Kreis vor allem unter den kaiserlichen und bayrischen Einquartierungen zu leiden. Mannigfache Beschwerden gegen diese, durch die der Kreis im Winter ausgesogen, im Sommer nicht gegen die Feinde geschützt wurde, brachte man vor, hauptsächlich aber klagte man über die Verteilung des Kreises an verschiedenerlei Truppen, seine „Dismembration". Zuerst treten uns

1) 1644, Okt. 26. Maximilian an den Bischof von Bamberg. Würzb. Arch., Reichswesen 6.

2) 1644, Okt. 28. Melchior Otto von Bamberg an Joh. Phil. von Würzburg, ebenda.

3) Négociations secrètes touchant la paix de Münster et d'Osnabrug, II, 74 und öfter. Schreiber, S. 862 ff. Katt, S. 62 ff.

4) Schreiber, S. 863. Katt, S. 75 f.

daher allerhand Bestrebungen entgegen, diesem Uebelstande abzuhelfen. Der Bischof von Würzburg sah die Rettung in der
schon lange von Bayern gewünschten Assignation der drei oberen
Kreise an die bayrische Armee und in der „Konjunktion" dieser
drei Kreise [1]. Noch am 15. Oktober 1642 hatte Maximilian
den Bischof um Befürwortung dieses Vorschlags gebeten, und
so liess denn Johann Philipp auf einem Kreistag in Nürnberg
Ende Oktober 1642 seinen Gesandten, den Domdechanten von
Werdtenau, energisch dafür eintreten. Bayern aber war besonders
bei den Protestanten zu verhasst, auch erschien ihnen sofort das
Schreckgespenst der Liga [2]. Kulmbach und alle Protestanten,
Nürnberg und die Städte brachten den Antrag zum Fall [3]. Maximilian liess sich durch diese Zurückweisung nicht abschrecken,
hauptsächlich wegen der Konjunktion der drei Kreise berief er
den Konferenztag nach Donauwörth. Schon in dem Einladungsschreiben setzte er auseinander, dass im nächsten Sommer ein
grosser Vorstoss der Feinde drohe, die Schweden würden die
Erbkönigreiche, die Franzosen die drei süddeutschen Kreise an-
greifen; diese könnten nur durch die bayrische Armee geschützt
werden, da die kaiserlichen Truppen ja nach Böhmen abgezogen
seien. Kurbayern aber könne allein die Armee nicht mehr unterhalten, der fränkische und schwäbische Kreis müssten zu ihrer
Erhaltung beitragen, dann würde die Armee sie auch ferner
schützen. Würzburg unterstützte wieder entschieden den bayrischen
Antrag, die andern waren zwar nicht instruiert, aber im ganzen
nicht abgeneigt, wenn der Kaiser einwillige [4]. Auf den 5./15. März
1643 wurde dann ein Kreistag nach Bamberg berufen. Auch
auf diesem traten die Gesandten Johann Philipps wieder für die

---

1) Vielfach regten sich damals solche Kreiskonjunktionsgedanken. So
betrieb Mainz die Konjunktion der drei rheinischen Kreise oder, da der
westfälische keine rechte Lust hatte, des oberrheinischen, kurrheinischen und
fränkischen. Bayern arbeitete dagegen, da es den fränkischen Kreis für
sich haben wollte. München, Staatsarchiv, Deputationstagsakten II. Be-
richt vom 13. Jan. 1643.

2) Urk. und Aktenst. I 815 ff.

3) Würzb. Arch., Kreistagsakten 58.

4) Sattler VIII, Beilage 16. Würzb. Arch., Kreistagsakten 59. Etwas anders bei Chemn. IV, 3, S. 47 f.

Konjunktion ein, rieten sie auch gegen den Willen des Kaisers vorzunehmen, quod salus populi suprema lex sit, aber es gelang nicht den Widerstand der vom Kaiser unterstützten antibayrischen Partei zu brechen. Man beschloss weitere Konferenzen der Vertreter der drei Kreise in Frankfurt abzuwarten [1]. Aus diesen Beratungen wurde, wie wir sahen, nichts. Eine neue Anregung ging dann vom schwäbischen Kreise aus, am 20./30. April schlug er in Briefen an den fränkischen Kreis und an Kurbayern eine neue Konferenz etwa in Dinkelsbühl vor [2]. Ob sie zu stande gekommen ist, habe ich nicht feststellen können [3].

Der Plan, den fränkischen Kreis durch Assignation an die bayrische Armee zu schützen, war gescheitert, Johann Philipp beschloss nun doch noch einen Versuch mit einer eigenen Kreisdefension zu machen, die er früher für unmöglich erklärt hatte [4]. Bamberg unterstützte ihn in diesem Bestreben, bei Kulmbach und Nürnberg fand er weniger Entgegenkommen; Kulmbach äusserte die Befürchtung, man werde dadurch „aus der Charybdis in Scyllam kommen" [5], sowohl die Feinde wie den Kaiser verletzen. Auf einem Kreistage in Nürnberg im August 1643 stand die Sache zur Beratung. Johann Philipp gab seinen Gesandten eine sehr ausführliche Instruktion mit, die von dem Gedanken ausging, dass der Herr den Unterthan, der so viele Lasten trägt, schützen müsse, denn inter Dominum et subditum sei reciproca obligatio. Dann wurden die Gründe, die gegen die Defension vorgebracht werden können, widerlegt. Auch ein Entwurf für die Kreisverfassung wurde den Gesandten gleich mitgegeben. Er bewegte sich in den üblichen Formen; auf 3000 Mann zu Fuss, 1000 Reiter und 500 Dragoner oder 2000 zu Fuss, 1500 Reiter und

---

1) Würzb. Arch., Kreistagsakten 59.
2) Würzb. Arch., Reichswesen, Fascikel 6.
3) Nach dem Theatrum Europaeum VI 106 sollen sich die drei Kreise am 21./31. Juli 1643 in Ulm verglichen haben, dass sie dem Kurf. in Bayern eine Armee von 20000 Mann zu ihrer Defension unterhalten wollten. Ich habe diese Nachricht sonst nirgends bestätigt gefunden, mit dem späteren Benehmen der fränkischen Bischöfe stimmt sie nicht überein.
4) 1643, März 13. Instruktion Joh. Phil. für seinen Gesandten zum Bamberger Kreistage. Würzb. Arch., Kreistagsakten 59.
5) 1643, Juli 25. Der bambergische Kanzler Mertloch an den würzburgischen Dr. jur. Fabritius. Würzb. Arch.. Kreistagsakten 61.

500 Dragoner gingen die würzburgischen Absichten [1]). Ausser von Bamberg wurden diese Vorschläge auch von Kurmainz unterstützt, das diesmal einen Vertreter für Rheineck und zwar Philipp Erwin von Schönborn, den Bruder des Würzburger Bischofs, geschickt hatte. Auch andere Umstände wirkten günstig, so der, dass der westfälische Kreis sich gerade damals mit Zustimmung des Kaisers in Verfassung setzte [2]). So fasste man anfangs recht kühne Beschlüsse, stiess sie aber, ehe man auseinander ging, wieder um und verschob alles auf den nächsten Kreistag, der am 5./15. September stattfinden sollte. Immerhin stellte man fünfzehn Punkte (die würzburgischen mit einigen Zusätzen) auf, über die die Gesandten dann instruiert sein sollten [3]).

Dieser Aufschub verschaffte dem Kaiser den Sieg, am 5. September richtete er ein Abmahnungsschreiben an Kurmainz [4]), und die anderen Kreisstände wird wohl der kaiserliche Gesandte Graf Notthafft bearbeitet haben. Jedenfalls fand Würzburg auf dem neuen Kreistage mit seinem Defensionsplane sehr wenig Anklang; Notthafft meinte, man solle das Geld für die Defension lieber den kaiserlichen Truppen zuwenden, worauf Würzburg treffend erwiderte, dass diese ja den Kreis nicht defendierten. Kulmbach stach wohl die Neutralität seines kurfürstlichen Vetters in die Augen, es sprach in der Versammlung von Armistitium oder Kontributionen. Auch der deutsche Orden war gegen die Defension. So wurde sie abgelehnt, wie man am 23./13. September an den Kaiser schrieb, 1. weil Notthafft abriet, 2. weil die Kräfte nicht reichten. Nur zu einigen Beschlüssen gegen die Plackereien raffte man sich auf [5]).

Man musste auf andere Mittel sinnen, den Kreis zu schützen. Vorübergehend dachte man an ein Zusammentreten von Bamberg, Würzburg, Kulmbach, Anspach und Nürnberg zu gemeinsamer Defension unter Assistenz von Hessen-Kassel, hielt sich aber

1) Instruktion vom 1. Aug. 1643 ebenda.
2) Chemn. IV, 3, S. 153, 189, 4, 8, 36.
3) Kreistagsabschied vom 1./11. Aug. 1643. Würzb. Arch., Kreistagsakten 61.
4) Wiener Arch., Mog. 1 b.
5) Akten dieses Kreistages im Würzb. Arch., Kreistagsakten 62.

auch dafür für zu schwach[1]). Würzburg meinte, da der Kaiser
die Defension nicht wolle, müsse er nun den Kreis verteidigen,
vor allem die Dismembration aufheben. Zwanzig Römermonate
hatte man ihm bewilligt, als aber die kaiserlichen Gesandten vom
Deputationstag auf bayrische Veranlassung hundert Römermonate
verlangten, erklärte sich Würzburg entschieden dagegen[2]), und
auch ein Kreistag zu Bamberg im Februar 1644 wies in einem
Schreiben an die Frankfurter Versammlung darauf hin, dass diese
Forderung nicht verfassungsmässig sei[3]). In der That sah sich
der Kaiser genötigt, sich an die Kreise direkt zu wenden. Sieb-
zehn Punkte legte der kaiserliche Kommissar Leonhard Peyerle
von Perleberg am 31./21. März 1644 den ausschreibenden Fürsten
des fränkischen Kreises vor, was diese zur Berufung eines Kreistages auf den 18./8. April nach Bamberg veranlasste. Die
Hauptforderungen waren: Ausdehnung der Winterquartiere auch
noch über den fünften Monat, statt zwanzig hundert Römermonate, Errichtung eines Magazins im Kreise. Dafür war der
Kaiser bereit, während des Sommers 1800 Mann zu Fuss, 300 zu
Pferde und 100 Dragoner im Kreise gegen Verpflegung stehen
zu lassen. Die Erfüllung der beiden ersten kaiserlichen Forderungen erklärte Würzburg für unmöglich, aber das Anerbieten
der Defension des Kreises durch den Kaiser war ganz nach
seinem Geschmacke. Johann Philipps Gesandter Fabritius musste
diesen Vorschlag auf dem Kreistage aufs wärmste empfehlen,
vermochte aber nicht die Opposition unter Kulmbachs Führung
zu besiegen. In Briefen an den Kaiser und an Hatzfeld vom
26./16. April erklärte man, es sei unmöglich, den Kreis wirklich
zu schützen, da er nach dem Vogtlande zu offen sei, und da es
so viele Strassen über den Thüringer Wald gebe; dass eine
starke Minorität zur Annahme des kaiserlichen Vorschlags bereit
gewesen sei, fügte man hinzu. Die Majorität hatte sich dafür
erklärt, die Hände in den Schoss zu legen[4]).

1) Chemn. IV, 4, S. 64—07.
2) Die Angabe Schreibers, S.802 ff, dass der Bischof durch Bayern für
die Bewilligung gewonnen worden sei, widerspricht allen sonstigen Nachrichten, vgl. z. B. Urk. und Aktenst. I, 845.
3) Würzb. Arch., Kreistagsakten 63.
4) Ebenda.

Es ist nicht zu verwundern, dass Würzburg, da es immer wieder tauben Ohren predigte, jetzt schon dann und wann daran dachte, sich von dem Kreise zu separieren. Schon seit dem September 1643 trug sich der Bischof mit dem Gedanken, den Kreis nunmehr im Stich zu lassen und gemeinsam mit Bamberg durch Vermittlung von Mainz mit dem Kaiser in Verhandlung zu treten, eine Exemtion ihrer Stifter zu erlangen[1]). Der Bischof von Bamberg dagegen dachte an ein Abkommen mit den Feinden; am 8. Mai 1644 fragte er bei Johann Philipp an, ob es nicht ratsam sei, die französischen Gesandten in der Antwort auf ihr Einladungsschreiben nach Münster zu ersuchen, es bei Schweden und andern Alliierten dahin zu vermitteln, „damit Euer Lbd. und unser Stift durantibus pacis tractatibus von denen feindlichen invasionibus und contributionibus, wo nicht gar verschont, dennoch bei Darreichung eines leidentlichen Stück Geldes ruhig gelassen werden möge". Schaden könne ja ein solcher Versuch auf keinen Fall[2]).

Für jetzt wurde noch nichts aus derartigen Plänen; die Bischöfe machten noch einen Versuch, die Rettung ihrer Stifte in der des Kreises zu suchen. Im Oktober 1644 kamen sie auf den Plan der Assignation der drei Kreise an die bayrische Armee zurück und schrieben deswegen an Maximilian. Dieser erklärte sich bereit, mit dem Kaiser darüber zu verhandeln[3]). In Linz fanden dann im November Beratungen zwischen kaiserlichen und bayrischen Gesandten statt, während gleichzeitig Würzburg und Bamberg den fränkischen Kreis zu bestimmen suchten, an den Kaiser deswegen zu schreiben. Der Kreistag zu Bamberg aber konnte sich nur dazu entschliessen, den Kaiser um einerlei Einquartierung zu bitten, wagte nicht, einen Wunsch über ihre Art auszusprechen[4]). Infolge dieser lauen Unterstützung gelang es dann auch den bayrischen Gesandten nicht, in Linz die Assig-

---

1) 1643, Sept. 19. Joh. Phil. an Werdtnau. Würzb. Arch., Kreistagsakten 62.

2) Würzb. Arch., Kreistagsakten 63.

3) Würzb. Arch., Reichswesen, Fascikel 6.

4) Schreiben an den Kaiser vom $\frac{9.\text{ Nov.}}{30.\text{ Okt.}}$ 1644. Würzb. Arch., Kreisagsakten 64.

nation durchzusetzen; die Kaiserlichen bestanden darauf, dass ein Teil des Kreises den Hatzfeldschen Truppen zugewiesen wurde [1].

1645 scheint nicht weiter von dem Plane die Rede gewesen zu sein, doch verhandelten die beiden Bischöfe noch bis ins Frühjahr hinein mit dem Kaiser, Mainz, Köln und Bayern [2]. Bald galt es zu retten, was zu retten war, ohne alle Rücksicht auf Nachbarn und Kreisgenossen. Im Juli 1645 fielen Franzosen und Schweden in den fränkischen Kreis ein, und nur durch Zahlung hoher Kontributionen, Erkauf von Schutzbriefen [3]) und strikte Neutralität vermochte von da an Johann Philipp sein Stift vor dem Ruin zu retten. Man kann es ihm nicht verdenken, wenn er jetzt den Kreis und die kaiserliche Partei im Stich liess und nur auf das Wohl seines eigenen Gebietes bedacht war. Zwei Jahre lang hatte er sich redlich bemüht, den fränkischen Kreis wehrfähig zu machen, aber alle diese Versuche waren an dem Egoismus und der Feigheit der andern Kreisstände gescheitert. Indem der Bischof mit den Feinden in Verbindung trat, 1646 mit den Franzosen und Schweden Neutralitätsverträge, 1647 vielleicht sogar ein Bündnis mit Frankreich schloss, gelang es ihm, sein Stift in leidlicher Verfassung aus dem Kriege zu retten, vor allem sich im Besitze seiner Festungen zu behaupten. Immerhin wurde Würzburg hart genug mitgenommen, wie die folgende Zusammenstellung der Einquartierungen und Zahlungen von 1642 an zeigen wird, und fast allein in Einquartierungen und Zahlungen bestand ja die Teilnahme kleinerer Stände am Kriege [4]).

---

1) Schreiben an den Kaiser vom $\frac{9.\ \text{Nov.}}{30.\ \text{Okt.}}$ 1644. Würzb. Arch., Kreistagsakten 64.

2) Würzb. Arch., Reichsween, Fascikel 6. Noch in Küttners Instruktion vom 29. Dez. 1645 (vgl. S. 35) sagt Maximilian, er verhandle noch eifrig mit dem Kaiser über die Assignation der drei Kreise.

3) Vom 12. Aug. 1645 ein Schutzbrief von Louis de Bourbon für das Stift Würzburg. Auch die Landgräfin von Hessen erteilte einen ähnlichen. Würzb. Arch., Administration, F. 446.

4) Doch teilte Joh. Phil. von 1643—47 dem Kurfürsten von Bayern stets mit, was er an Kriegsereignissen, über die Stellung der Feinde etc. erfuhr. München, Reichsarch., Akten des 30jähr. Krieges 548.

1. Kaiserliche und Bayern.

Ende Oktober 1642 bewilligte ein Nürnberger Kreistag dem Kaiser 40 Römermonate, zu zahlen binnen zehn Monaten [1]. 1643 Febr. wies der Kaiser zehn Hatzfeldschen Regimentern auf fünf Monate Quartier im Kreise an [2]. 1643 Juli bewilligte der Kreis statt dieser Einquartierung zehn Römermonate [3]. 1643 Sept. erhöhte man diese Summe in Nürnberg auf zwanzig Römermonate [4]. Von Einquartierungen blieb man trotzdem nicht verschont. Am 27. Dezember 1643 teilte der Domdechant dem Kapitel mit, dass der Kaiser acht Regimenter kaiserlicher Immediatvölker im Kreise einquartieren wolle, wovon 14 Kompagnien auf Würzburg entfielen [5]. Mit Hülfe dieser Truppen eroberten die Würzburger am 20. Januar 1644 Meiningen. Im April zog Hatzfeld auf einige Zeit nach Thüringen, kehrte aber schon Ende des Monats wieder zurück und blieb wohl noch bis Mai.

Im Juni 1644 sollten wieder vier kaiserliche Regimenter im Kreise einquartiert werden einen Monat lang. Der Bischof von Würzburg wurde beauftragt als Freund des Generals Hatzfeld mit ihm zu unterhandeln und es zu hintertreiben [6]. Es gelang Johann Philipp, den General zu bestimmen, sich statt der Einquartierung mit 12 000 Reichsthalern zu begnügen, wovon 400, nach zehn Tagen weitere 200 von Würzburg zu zahlen waren [7]. Trotzdem scheinen die Hatzfeldschen Truppen im Kreis einquartiert worden zu sein, noch vier Regimenter aus dem Jü-

---

1) Chemn. IV, 2, S. 136 f., Würzb. Arch., Kreistagsakten 58.
2) Chemn. IV, 3, S. 49.
3) Würzb. Arch., Kreistagsakten 60.
4) Würzb. Arch., Kreistagsakten 62.
5) Würzb. Arch., Domkapitelrezesse 1643.
6) Würzb. Arch., Kreistagsakten 60.
7) Würzb. Arch., Domkapitelrezesse 1644. Man sollte eine höhere Summe für Würzburg erwarten. Bei Römermonaten zahlte das Stift etwa ¹/₇ des Kreisanschlages, was in diesem Falle also 1714 Reichsthaler ergeben würde.

lichschen kamen im Juli dazu. Da man so schwer unter der Einquartierung, auch unter den Ladronschen Truppen in Schweinfurt litt, beschloss man eine Gesandtschaft an den Kaiser [1].

Auch im Winter 1644/45 sollten wieder vier Hatzfeldsche Regimenter zu Fuss und eines zu Ross im Kreise einquartiert werden.

Im April 1645 lagerten die bayrischen Truppen im Kreise, schlugen die Franzosen bei Mergentheim. Im November 1645 quartierten sich die bayrischen Truppen von neuem im Kreise ein [2], auch im Februar 1646 kamen sie wieder zusammen mit den Kaiserlichen und blieben bis Mai [3].

Durch seine Versöhnung mit dem Kaiser erreichte Maximilian im September 1647 die Assignation der drei oberen Kreise, die er so lange gewünscht hatte. Infolgedessen hatte der fränkische Kreis im Winter 1647/48 furchtbar unter bayrischer Einquartierung zu leiden. 120 Römermonate verlangte der Kaiser am 19. Dezember 1647 für die buyrischen Truppen. Vorstellungen dagegen in München und beim Kaiser nützten nichts. Man protestierte im Gefühle seiner Ohnmacht, freiwillig scheint man nichts gezahlt zu haben [4]. Erst im Sommer 1648 wurden die Kaiserlichen und Bayern durch die Feinde nach Süden in den bayrischen Kreis gedrängt [5].

2. Schweden und Franzosen.

Schon Bischof Franz verpflichtete sich 1642 zur Zahlung von 4000 Reichsthalern monatlicher Kontribution an die Schweden nach Erfurt, um das Stift vor Streifereien zu schützen [6].

Ende 1642 kamen die Franzosen unter Guébriant bis ins Ochsenfurtsche, doch scheint der Bischof von Würzburg diesmal mit einer Sendung von sechs Fudern erlesenen Weins davongekommen zu sein [7]. 1643 zogen sie wieder ab.

1) Chemn. IV, 4, S. 64 ff.
2) Chemn. IV, 5, S. 271.
3) Chemn. IV, 6, S. 72 ff., 177 ff.
4) Meiern, Acta Pacis. V, 120—29.
5) Theatr. Eur. VI, 312.
6) Chemn. IV, 2, S. 119. Würzb. Arch., Kreistagsakten.
7) Barthold, Gesch. des deutschen Krieges II, 437.

1643 im Frühling erfolgte ein Plünderungszug Königsmarks. Johann Philipp leistete eine Zeit lang Widerstand, musste sich aber schliesslich am 30. Mai doch zu einer Kontribution von 20000 Thalern verstehen [1].

Im April 1645 drangen die Franzosen in den fränkischen Kreis ein, wurden zwar bei Mergentheim von den Bayern geschlagen, fanden aber Hülfe bei Königsmark. Dieser fiel im Sommer in den Kreis ein und nötigte Johann Philipp ihm 35000 Reichsthaler zu zahlen, die Hälfte sofort, das übrige in monatlichen Raten von 2000 Reichsthalern nach Erfurt. Auch den Franzosen musste man wenigstens Proviant und Munition bewilligen [2].

Die schwedischen Kontributionen wurde man nun nicht mehr los. Am 3. Dezember 1646 versprach der Bischof monatlich 5000 Reichsthaler an Schweden zu zahlen gegen Verschonung im übrigen [3]. Die Schweden scheinen mit diesem Anerbieten nicht zufrieden gewesen zu sein, im April 1647 wurden schwedische Regimenter im Stift einquartiert [4], erst am 4./14. April kam dann ein Vertrag zwischen Johann Philipp und Wrangel zu stande. Der Bischof verpflichtete sich zu einer Zahlung von 60000 Thalern in drei Raten und zu Kontributionen von 5300 Maltern Korn, 200 Fudern Kommisswein, 200 Pferden samt Sattel und Zeug; Wrangel stellte dafür dem Stift einen Schutzbrief aus [5].

Die monatlichen Kontributionen scheinen die Schweden ausserdem auch noch angenommen zu haben, wenigstens zahlte das Stift noch im August 1648 monatlich 5000 Reichsthaler [6].

Im Sommer 1648 kamen die Schweden und Franzosen nach Franken, doch verschonten sie zunächst Würzburg und Ochsenfurt. Als der Friede geschlossen wurde, stand die ganze schwedische

---

1) 1643, Mai 30. Johann Philipp an Maximilian. München, Reichsarch., Akten des 30jähr. Krieges 548. Die Domkapitelrezesse in Würzburg geben 30000 Reichsthaler an, was auf einem Schreibfehler beruhen mag.

2) Würzb. Arch., Domkapitelrezesse 1645. Etwas anders Chemn. IV, 5, S. 180.

3) Würzb. Arch., Miscellanea 280. Pufendorf, de rebus Suecicis, S. 618.

4) Theatr. Eur. V, 1298, 1321.

5) Würzb. Arch., Miscell. 280. Administration, F. 446.

6) Würzb. Arch., Domkapitelrezesse 1648.

Armee im fränkischen Kreise, der Generalstab, die Artillerie und Infanterie im Würzburgischen[1]). Der Kreis wandte sich mit Klagen an die in Münster Versammelten, diese schrieben am 3. Dezember 1648 an Wrangel, verlangten Verteilung der Armee auf alle sieben Kreise[2]). Aber noch im Oktober 1649 war der Kreis übermässig belastet, und man konnte ihm nur raten, sich durch Zahlung der Satisfaktionsgelder zu befreien[3]). Diese Uebersicht wird kaum Anspruch auf Vollständigkeit erheben können, die Kosten der Einquartierungen entziehen sich der Berechnung, bei den Kontributionen und Römermonaten ist es schwer anzugeben, wieviel wirklich gezahlt wurde; es gab ja stets Restanten. Halten wir uns an obige Zahlen, so ergiebt sich als Summe der von Würzburg 1642—48 geleisteten Zahlungen:

1) Römermonate an den Kaiser.

1642	40	= 46 880 fl.
1643	20	= 23 440 „ Ausserdem
1644	600 Reichsth.	= 900 „

Summa 71 220 fl. = 47 480 Reichsth.

2) Kontributionen an die Schweden.

August 1642—December 1646 (?) monatlich

	4000 Rth.	= 212 000 Reichsth.
Am 30. Mai 1643 extra	20 000	„
Im Juli 1645 „	35 000	„
Jan. 1647—Okt. 1648 monatlich 5000 Rth.	= 110 000	„
Im April 1648 extra	60 000	„

Summa 437 000 Reichsth.

Für das Erzstift Mainz ähnliche Angaben zu machen, bin ich aus Mangel an Material nicht imstande. Soweit es links des Rheines lag, war es seit 1644 in den Händen der Franzosen. Durch Besetzung auch des rechtsrheinischen Teiles wurde im April 1647 der Kurfürst Anselm Kasimir von Turenne zu einem Neutralitätsvertrage und zur Zahlung von 50 000 fl. genötigt,

---

1) Theatr. Eur. VI, 312, 518.
2) Meiern, Acta Pacis VI, 693 ff., 711 f., 717 f.
3) Meiern, Acta Exec. I, 384 ff..

worauf die Feinde diesen Teil mit Ausnahme von Höchst und Hochheim wieder räumten [1]). Johann Philipp gelang es nach seinem Regierungsantritte, noch einige weitere Erleichterungen zu erlangen, vor allem aber zu verhüten, dass die nicht besetzten Teile des Kurstaats auch noch kaiserliche Einquartierungen erhielten [2]). — Die Verhandlungen über die Zulassung der Stände zu den Generalfriedenstraktaten hatten zu einer gewissen Entfremdung zwischen Maximilian und Johann Philipp geführt. Dazu kamen Meinungsverschiedenheiten über die den Protestanten gegenüber zu befolgende Politik. Maximilian stand 1644/45 noch auf strengkatholischem Standpunkte, während der Bischof entschieden die Ansicht vertrat, dass der Krieg mit der Religion nichts zu thun habe. Schon im September 1643 erklärte Vorburg in Frankfurt: Die Katholiken würden sich des reservati ecclesiastici aller derer Stifter und Klöster, so anitzo die Herren Evangelici wirklich in possess hätten, begeben und solche vor Reichsstände mit erkennen, da sie eingesehen haben, dass sie mit Gewalt wider die Evangelischen nichts ausrichten können. Dagegen müssten die Evangelischen geloben, nicht weiter um sich zu greifen, sondern sie bei ihren noch übrigen Stiftern und Klöstern ruhig verbleiben zu lassen. Bayern dagegen meinte damals, man wolle lieber noch hundert Jahre Krieg führen, als das reservatum ecclesiasticum fahren lassen [3]).

Aehnlich war die beiderseitige Gesinnung auch 1645 noch. In Briefen an Anselm Kasimir von Mainz tadelte es damals Maximilian heftig, dass sogar einige vornehme geistliche Stände für die Zulassung Magdeburgs zum Kongress einträten [4]). Johann Philipp hingegen klagte zwar im Januar 1646 über die Versuche der Evangelischen, allerhand mit Hilfe der fremden Kronen durchzusetzen, trat aber dafür ein, dass man ihnen das lasse, was man ihnen im Religionsfrieden und im Prager Frieden gewährt habe. [5])

---

1) Pufendorf, De Reb. Succ. S. 695.
2) Joh. Phil. korrespondierte deswegen mit dem Kaiser und Holzappel. Wiener Arch., Kriegsakten 174.
3) Urk. und Aktenst. I, 827 f.
4) Wien, Erzkanzlerarch., Korresp. 20.
5) Joh. Phil. an den Bischof von Regensburg. 1646 Jan. 24. Würzb. Arch. Reichswesen. Fasc. 6.

Allgemein z. B. auch von Pufendorf wird diese gemässigte Gesinnung Johann Philipps anerkannt, später fand sie auch bei Bayern Unterstützung. In den Fragen der auswärtigen Politik stimmten beide Fürsten während der ganzen Dauer der Verhandlungen überein, wie vor allem aus ihrem Briefwechsel hervorgeht. Vielfach befanden sie sich dabei im Gegensatz zum Kaiser, vor allem aber zu Spanien und zu der extremkatholischen Partei in Münster, den „Extremisten" oder „Triumvirn", mit diesen kam es zu heftigen Zusammenstössen.

Zunächst trat Vorburg, der meist in Osnabrück an den Verhandlungen teilnahm, nicht sehr hervor; er konnte ja auch als Vertreter eines kleinen Staates kein grosses Gewicht in die Wagschale legen[1]. Immerhin liegen einige Zeugnisse vor, die uns genügend über die Gesinnung Johann Philipps aufklären. Im Dezember 1645 trat Maximilian, jetzt wohl mit der Zulassung aller Stände ausgesöhnt, durch seinen Kriegsrat Küttner in Beziehung zu Bamberg und Würzburg und suchte ihre Ansicht über die bei den Friedenstraktaten zu befolgende Politik zu erforschen. Es ergab sich völlige Uebereinstimmung, vor allem in dem Gegensatz gegen die kaiserliche Politik. Die Kaiserlichen unter Führung Trautmannsdorfs[2] bemühten sich damals, zunächst die Streitigkeiten zwischen den beiden Religionsparteien zu erledigen, damit das Reich dann geeint gegen die fremden Kronen vorgehen könne. Maximilian hielt diese Einigung nicht für möglich, glaubte ausserdem, dass auch das geeinte Reich nicht stark genug sei, die Fremden zu vertreiben. Er empfahl daher, erst einmal die Satisfaktionsforderungen der Kronen zu erledigen. Die Bischöfe schlossen sich dieser Ansicht an[3]. Im Namen der drei Kreise liess Maximilian im Frühjahr 1646 den Kaiser auffordern, das

---

1) Die Protokolle der Osnabrücker Verhandlungen finden sich bei Meiern, Acta Pacis Westph. II.

2) So heisst es in Küttners Instruktion. Nach Koch, Ferdinand III. II, 172 ff. war Volmar Vertreter dieser Politik, während Tr. auf bayrischer Seite stand. Vgl. auch Katt, S. 90.

3) München, Reichsarch. Akten des 30jährigen Krieges 467. Vgl. jedoch Meiern, Acta Pac. I, 435 f., 447, wo Vorburg am 2. und 3. März 1646 seine Verwunderung darüber ausspricht, dass die Kronen Satisfaktion und sogar an Land und Leuten verlangten.

Elsass an Frankreich abzutreten [1]). Der Kaiser antwortete zustimmend.

Man wird dem kaiserlichen Plane seine Anerkennung nicht versagen können, während Maximilians Politik oft als unpatriotisch getadelt worden ist, zumal da sie nicht nur auf uninteressierter Erwägung der Umstände beruhte, sondern auch auf der Hoffnung, mit Hilfe der Franzosen seine pfälzischen Erwerbungen wenigstens teilweise zu behaupten. Ob bei den Bischöfen ähnliche Motive mitwirkten, ist fraglich. Es war von Säkularisation der fränkischen Bistümer die Rede, und sie hofften wohl bei Frankreich Schutz dagegen zu finden. Bedenkt man jedoch, welche Schwierigkeiten später die Erledigung des Punktes der Restitution und der Gravamina gemacht hat, so muss man gestehen, dass die bayrische Ansicht der Lage richtiger war als die kaiserliche. Sie trug denn auch den Sieg davon, oder es wurden wenigstens beide Punkte, die Religionsstreitigkeiten und die Satisfaktion der fremden Kronen, gleichzeitig vorgenommen.

Bei der Beratung der Gravamina schloss sich Maximilian seit 1646 ganz den Ansichten Johann Philipps an und trat mit ihm ein für Vergleichung der gemässigten Katholiken mit den wohlgesinnten Protestanten, eventuell durch engere Konferenzen. Zunächst überliess man jedoch den Kaiserlichen und Schweden die Verhandlungen, was bis zum Mai 1647 zur Trautmannsdorfschen Punktation führte. Es galt nun, ihre Annahme auf beiden Seiten durchzusetzen; vergebens bemühte sich Max, den Kurfürsten von Mainz zur Höhe seiner Anschauung zu erheben, wies ihn, um sein Gewissen zu beruhigen, auf das Beispiel des Bischofs von Würzburg hin [2]). Bald bestieg mit diesem ein aufgeklärterer Prälat den Mainzer Stuhl. Trotzdem setzte die extremkatholische Partei am 9. Dezember 1647 gegen Bayern, Mainz, Trier, Köln, Salzburg, Würzburg, Bamberg und Eichstädt die Aufhebung der Trautmannsdorfschen Punktation durch. Man musste auf andere Mittel sinnen. Da hat nun Vorburg eine wichtige Rolle gespielt. Es gelang ihm, eine engere Konferenz zwischen einigen

---

1) Vgl. Schreiber, S. 879, Katt, S. 92 f.

2) 1647, Sept. 18. Maximilian an Anselm Kasimir. Wien, Erzkanzlerarch. Korresp. 21.

evangelischen und einigen katholischen Ständen zustande zu
bringen, damit erst zwischen diesen eine Einigung erzielt und
dann die verglichenen Punkte den übrigen Ständen vorgelegt
würden, gewiss kein unpolitischer Gedanke. Eigentlich wollte er
mit dem Zusammentritte der Konferenz warten bis zur Ankunft
des bayrischen Gesandten Krebs, eines der Hauptvertreter dieser
Politik, aber die Protestanten drängten[1]. So traten denn am
29. Januar 1648 Mainz, Trier, Bayern, Bamberg und Würzburg
katholischerseits, Kurbrandenburg, Kursachsen, Altenburg, Koburg,
Braunschweig-Celle, Braunschweig-Kalenberg und Strassburg evan-
gelischerseits zu einer Konferenz zusammen trotz aller Gegenwirkungen der Kaiserlichen, der Abneigung des mainzischen Gesandten Reigersberger, der sich noch nicht entschliessen konnte,
mit dem Herrn auch die Politik zu wechseln, und trotz der Lau-
heit des anwesenden bayrischen und des trierischen Gesandten[2].
Aber der Fortgang entsprach den Anfängen nicht. Die Oester-
reicher, denen nach Trautmannsdorfs Abreise solche Bestrebungen
ein Dorn im Auge waren, überreichten an demselben Tage den
Evangelischen ihre Proposition über die Amnestie und die Gravamina, und das bestimmte den kursächsischen Gesandten Leuber,
der schon so wie so gegen seine Instruktion zu handeln glaubte,
zum Rücktritte. Brandenburg schloss sich ihm an, um nicht das
Direktorium der Evangelischen übernehmen zu müssen[3]. Das
gab dann den so schon lauen Katholiken einen erwünschten
Grund, alle weiteren Verhandlungen zu unterlassen. Vorburg
kam später gemeinsam mit Krebs noch öfter auf die Idee solcher
engeren Konferenzen zurück, ohne jedoch etwas damit zu erreichen. Man beauftragte statt dessen von neuem den Kaiser
und Schweden, die Verhandlungen zu führen unter Zuziehung
der Stände jeder Konfession, wobei die Gesandten ut singuli er-

---

1) 1648, März 4. Joh. Phil. an Maximilian. (Konz.) Wien, Erzkanzlerarch. Korresp. 21.

2) Meiern, Acta Pacis IV, 944 f. Wien, Erzkanzlerarch. Korresp. 21, 28.

3) Sonst stimmten Johann Philipp und der Kurfürst von Brandenburg
damals sehr miteinander überein. Der Mainzer war mit Friedr. Wilhelms
Plan, eine dritte Partei zu gründen, durchaus einverstanden. (1648, Jan. 24.
Joh. Phil. an Graf Holzappel. Wiener Arch. Kriegsakten 174. Vgl. auch
Urk. und Aktenst. IV, 678. Droysen, Gesch. d. preuss. Politik III, 1, S. 236.)

scheinen sollten. Auf diese Weise kam man in der That seit
dem 18. Februar rasch vorwärts. Schon am 22. war der Punctus
justitiae erledigt. Grössere Schwierigkeiten machte der Punctus
amnestiae; auch die Schweden lobten hier Bayerns und Würzburgs vernünftige Moderation [1]).

Nachdem Johann Philipp im November 1647 Kurfürst von
Mainz geworden war, war er in der Lage, auch in der grossen
Politik, bei den Friedensverhandlungen mit den Kronen, eine
Rolle zu spielen. Keinem, der seine bisherige Politik verfolgt
hatte, konnte es zweifelhaft sein, dass er nicht den Fusstapfen
seines „spaniolisierten" Vorgängers folgen werde. Seit Jahren
schon betonte er ja bei jeder Gelegenheit die Notwendigkeit der
Trennung der fremden, speziell der spanischen Angelegenheiten
von den deutschen. Da nun dies seit langem auch das Bestreben Maximilians war, so ist es nicht zu verwundern, dass
dieser die Erhebung des Würzburger Bischofs auf den Mainzer
Stuhl mit Freuden begrüsste und sofort in eine vertrauliche
Korrespondenz mit ihm trat, in der beide immer von neuem ihrer
Abneigung gegen die Spanier Ausdruck gaben. So schreibt z. B.
Maximilian am 25. Dezember 1647, er sehe die Hauptursache
der langen Verzögerung des Friedens in den spanischen Consiliis
und Interessen, die am kaiserlichen Hofe je länger je mehr prä-
valierten. Der Einfluss des spanischen Gesandten Duc de Terra
Nova in Wien sei sehr schädlich. Da die Spanier nicht ohne
den Kaiser Frieden schliessen wollten, werde wohl auch der
Kaiser sich verpflichtet haben, nicht ohne Spanien abzuschliessen.
Bis aber Spanien und Frankreich sich einigten, könne lange
dauern, und man könne nicht verlangen, dass das Reich so lange
unter den Kriegsnöten leide [2]). Johann Philipp war nach seiner
Antwort vom 2. Januar 1648 geneigt, eine etwas bessere Meinung
von der kaiserlichen Politik zu haben, mit dem Ausschlusse

---

1) Meiern, Acta Pacis V, 470 ff., 514.

2) 1647, Dez. 25. Maximilian an Joh. Philipp. Wien, Erzkanzlerarch. Korr. 21. Dort und in Fasc. 22 überhaupt die Originale der bayr.
Schreiben.

Spaniens aber war er durchaus einverstanden[1]). Unmittelbar nach seinem Regierungsantritte liess er in Mainz nach Akten suchen, die die Intriguen der Spanier in Mainz und München gegen den Kurfürsten von Bayern aufdecken sollten, aber der Grosshofmeister, Herr von Schenkherr, hatte so fleissig vorher aufgeräumt, dass nichts mehr zu finden war[2]). Auch die übrigen Mainzer Räte waren spanisch gesinnt, nur den Domherrn Saal und den würzburgischen Kanzler Lasser zog der Kurfürst ins Vertrauen über die bayrischen Verhandlungen. Seiner Gesandten in Münster und Osnabrück war Johann Philipp auch nicht sicher, Reigersberger äusserte einmal, er müsse mehr vor seine Religion als nach seines Herrn Instruktion reden[3]), nur auf den treuen Vorburg und auf Wolfskehl konnte sich der Kurfürst unbedingt verlassen[4]).

Gemeinsam bemühten sich Johann Philipp und Maximilian in den ersten Monaten des Jahres 1648 den Kaiser zur Preisgebung der Spanier zu bestimmen, auch Gesandte schickten sie deswegen zu ihm, Max seinen Kammerpräsidenten Mändl, Johann Philipp den schon erwähnten Herrn von Waldenburg, genannt Schenkherr. Dieser war allerdings geneigt, alles am Kaiserhofe in sehr rosigem Lichte zu sehen, aber der Kurfürst hatte niemand anders zur Verfügung. Mändl aber geriet im Februar in einen sehr heftigen Wortwechsel mit dem spanischen Gesandten. Terra Nova drohte, ähnlich wie um dieselbe Zeit Penneranda in Münster, Spanien werde allein mit Frankreich abschliessen und das deutsche Reich im Stiche lassen. Dann würde es den Kurfürsten von Mainz und Bayern schlecht gehen, wenn dann die Schweden und Fran-

1) 1648, Jan. 2. Joh. Philipp an Maximilian. München, Staatsarch. Kurmainzische Korresp. Dort die Originale der Briefe Johann Philipps, die Konzepte in Wien.

2) 1648, Jan. 23. Der bayrische Kriegsrat Schäffer an Maximilian. 1648, Febr. 12. Der bayrische Gesandte Krebs aus Würzburg an Maximilian. München ebenda.

3) Urk. und Aktenst. IV, 663 f. Schon auf dem Reichstag zu Regensburg hatte er sich durch seinen für Oesterreich entwickelten Eifer unliebsam gemacht, er bekam 20000 Thaler dafür (Chemn. IV, 1, S. 44). Im Frieden erhielten er, Brömbser und Schenkherr zur Belohnung vom Kaiser Lohn in pfälzischem Gebiet (O. 4. 18. M. 5. 26).

4) Vgl. z. B. Pfanner, Hist. Pac. Westph. IV, cap. LVIII, S. 478.

zoscn über sie herfallen würden[1]). Mändls Antwort, die an Deutlichkeit nichts zu wünschen übrig liess, fand den vollen Beifall Johann Philipps[2]); auf die spanischen Drohungen gab er nichts[3]).
Er blieb dabei, es gäbe nur ein Mittel zum Frieden: Satisfaktion an die Kronen und Vereinigung der Stände des Reiches, Separation und Abstraktion omnis exotici praesertim Hispanici Interesses[4]).

Die beiden Kurfürsten wurden in ihrer Politik bestärkt, als auch Frankreich für Trennung des spanischen Krieges vom deutschen einzutreten begann, nachdem die Niederländer mit Spanien Frieden geschlossen hatten. Einen weiteren Widerstand mit den Waffen hielt Maximilian 1648 für völlig unmöglich. Als daher das Frühjahr herankam, ohne dass man sich in Wien den Wünschen der Kurfürsten gefügt hatte, begannen diese sich mit dem Gedanken des Abschlusses ohne den Kaiser, des „Vorgriffs" vertraut zu machen. Ihr Plan war: Einigung der gemässigten Stände beider Konfessionen durch engere Konferenzen, dann Abschluss mit den Kronen, Nötigung des Kaisers und der Extremisten zur Annahme des Beschlossenen. Durch solche Drohungen, sowie durch die Ereignisse auf dem Kriegsschauplatze sah sich endlich der Kaiser zur Nachgiebigkeit genötigt[5]). Zu guter Letzt gab es noch einige Meinungsverschiedenheiten darüber, ob auch über das französische Friedensinstrument in Osnabrück beraten werden dürfe. Durch gegenseitige Nachgiebigkeit gelang es, auch diese Schwierigkeit zu beseitigen. Die gemässigte Partei trug einen völligen Sieg über die Münsterschen „Triumvirn" davon, deren ohnmächtige Protestationen man kaum beachtete. Aus Adamis Worten spricht die Wut des Unterlegenen: Elector Moguntinus, apud quem persuasio pacis plus quam quaelibet alia valebat ratio Monasteriensium contradictiones et scripta spernebat, cuius auctoritate et Bavari potissimum nixi, Protestantium omnem

1) 1648, Febr. 10. Mändl an Maximilian. Wien, Erzkanzlerarch., Korresp. 18. Extraktschreiben aus Münster, von Maximilian am 16. Febr. an Joh. Phil. gesandt. Ebenda 21.
2) 1648, März 18. Joh. Philipp an Maximilian. (Konz.)
3) 1648, März 4. Joh. Philipp an Maximilian. (Konz.)
4) 1648, März 14. Joh. Philipp an Maximilian. (Konz.)
5) Vgl. auch Urk. und Aktenst. IV, 708ff., 712ff. Droysen III, 1, S. 313.

deinceps, etiam qui cum Gallis instituendus erat, tractatum, Osnabrugae expediendum esse statuunt, id quod et fecere trotz aller Protestationen der Münsterer[1].

In der That, der Abschluss des Friedens ging dem Kurfürsten von Mainz über alles, und es wird ihm nur unsere Sympathie erwecken, wenn er sich nicht durch konfessionelle Engherzigkeit bestimmen liess. Fraglicher ist es, ob wir auch die grosse Nachgiebigkeit der bayrisch-mainzischen Politik gegen die fremden Kronen besonders die Franzosen anerkennen können. Wenn auch in der geheimen Korrespondenz zwischen Johann Philipp und Maximilian die Franzosen kaum erwähnt werden, von einer Rücksichtnahme auf sie nirgends etwas zu merken ist, so kann es doch keinem Zweifel unterliegen, dass Johann Philipp durchaus mit der Politik, die Maximilian ihnen gegenüber verfolgte, übereinstimmte. Küttner erhielt ihn 1647 über die Ulmer Verhandlungen stets auf dem Laufenden[2]), und er selbst hatte schon 1646 Neutralitätsverträge mit den Feinden geschlossen, hielt an ihnen, auch nachdem sich Maximilian wieder mit dem Kaiser ausgesöhnt hatte, fest, was bei den Schweden besondere Anerkennung fand[3]).

Man wird es Johann Philipp kaum verübeln können, wenn er bei den Feinden Rettung suchte, nachdem, wie wir sahen, alle seine Versuche, dem fränkischen Kreis und seinem Stifte auf andere Weise zu helfen, gescheitert waren. Möglich ist es, dass er sich dadurch noch besondere Vorteile, z. B. Unterstützung bei der Mainzer Wahl verschaffte. Im ganzen war seine Parteinahme von keiner ausschlaggebenden Bedeutung, wohl aber die Maximilians. Ueber die Beurteilung seiner Politik hat sich daher ein Streit entsponnen, er hat ebenso heftige Ankläger wie begeisterte Verteidiger gefunden. Es ist nun gewiss ganz thöricht, zu bestreiten, dass er aus egoistischen Gründen die französischen Ansprüche unterstützte, dass er gewissermassen gegen die Ober-

1) Adami, Relatio historica . . . ed. Meiern S. 405. Vgl. auch S. 401 und Lorentzen, Die schwedische Armee im 30jährigen Kriege und ihre Abdankung, 133.

2) Würzb. Arch., Reichswesen 6.

3) Pufendorf, De Reb. Suec., S. 703.

pfalz das Elsass verkaufte, aber 1. kann man ihm kaum einen Vorwurf daraus machen, wenn er, wie jeder Fürst seiner Zeit, vor allem seinen eigenen Vorteil ohne Rücksicht auf das Reich im Auge hatte, 2. kann es keinem Zweifel unterliegen, dass er den Frieden aufrichtig wünschte, dass er durch den Ulmer Vertrag den Frieden zu befördern hoffte, dass er weiteren Widerstand für unmöglich, Nachgiebigkeit für unumgänglich hielt. Wir sahen schon, dass er 1645 mit dieser Ansicht wohl kaum unrecht hatte. Etwas anderes ist es, ob nicht vielleicht 1648 die Möglichkeit vorlag, durch eine geschickte Politik den Feinden einige der errungenen Vorteile wieder abzujagen. Die Franzosen wünschten nach dem Abschlusse des spanisch-niederländischen Friedens den Frieden mit dem Reiche sehr, schon drohten die Unruhen der Fronde[1]. Doch wer konnte damals die Lage übersehen, die Nachwelt hat leicht urteilen, auch darf man nicht vergessen, dass die Feinde nie so weit vorgedrungen waren wie im Sommer 1648. Es war doch wohl das Vernünftigste, wenn Maximilian und Johann Philipp als ihr erstes Ziel den Frieden betrachteten.

Der Friede blieb auch in der Folgezeit das erste Ziel der Politik Johann Philipps, deren Hauptzüge überhaupt schon in diesen letzten Jahren des Dreissigjährigen Krieges hervortreten. Es sind neben der Friedenssehnsucht seine Freiheit von konfessioneller Engherzigkeit, sein Hass gegen die Spanier, gegen die er die Franzosen als Gegengewicht verwendet, das Bestreben, den Formen der Reichsverfassung, zunächst der Kreiseinteilung neues Leben zu verleihen. Schon als er den Mainzer Stuhl bestieg, galt er für einen gewiegten Politiker. Pufendorf sagt von ihm: Evangelicis aeque ac Catholicis dilectus atque aestimatus qui neque Caesari neque Bavaro obnoxius, sed patriae amantissimus habebatur[2].

---

1) Bugenheim, Frankreichs Einfluss auf und Beziehungen zu Deutschland, II, 156 f.

2) Pufendorf, De Reb. Suec, 764.

Druck von Ant. Kämpfe in Jena.